ヤングケアラー

介護する子どもたち

毎日新聞取材班［著］

毎日新聞出版

ヤングケアラー

介護する子どもたち

目次

装丁・本文フォーマット――宮川和夫
装画――チカツタケオ
組版――キャップス

ヤングケアラー

介護する子どもたち

◎本書は毎日新聞に掲載された「ヤングケアラー　幼き介護」をもとに書き下ろしたものです。本文中の年齢、肩書は取材当時のものです。敬称は省略しています。

はじめに

彼は、改札近くにあるパン屋の前で待っていた。

2020年2月、冬晴れの東京は昼過ぎから強風に見舞われた。紺のジャンパーとジーンズ姿の彼は、一見どこにでもいる大学生だ。小学生の時から祖母を介護してきたなんて、誰も気づかない。通行人は彼に興味を示さず、駅の外の冷たい風に首をすくめて行き交った。

その日の朝刊は、横浜に停泊中のクルーズ船「ダイヤモンド・プリンセス号」の記事で持ちきりだった。日本で初めての新型コロナウイルスの集団感染だ。それでも街にマスク姿の人はまばら。世界が未知のウイルスの猛威を知るのはもう少し後のことになる。

1カ月ほどのメールのやりとりを経て、彼が取材の待ち合わせに指定したのは都心の市ヶ谷だった。丁寧な文面には目印の店の写真も添えられ、律儀な人柄を思わせた。

毎日新聞特別報道部の向畑泰司《むこはたたいじ》は、取材場所になりそうな喫茶店を下見してから、約束の午後2時に彼と駅で落ち合った。互いに自己紹介をすませると彼が言った。

「風が強くて寒いのに、長い時間お待たせしませんでしたか」

この場所わかりにくくなかったですか、と彼はこちらを気遣った。メールの通り真面目そうな子だな。

喫茶店まで歩く道すがら、彼の緊張をほぐそうと近況を尋ねた。大学の卒業を控えて、卒業論文やアルバイト、3年前から施設に入った祖母の見舞いにと、彼は多忙だった。

「スーパーに就職が決まって、何とか卒論も終わって」。歩きながら彼は安堵の表情を浮かべた。それはおめでとう、と向畑はあいづちを打った。

実のところ、向畑の方が普段より緊張していた。相手は、幼少期から介護の大きな責任と負担を抱えてきたという。「家族を介護した体験を自分の中で整理できない子は多いんです。彼らの思いを大切にしてあげてください」。専門家や支援団体はそう助言をくれた。

事件の取材経験が豊富な向畑だが、今回はいつもと違う繊細さと配慮が必要だった。風の吹き荒れる街はどこか騒々しく、平常心を乱されて少し鬱陶《うっとう》しくもあった。

そもそも半信半疑だった。自分のおばあさんの「主介護者」を小学生から10年近く引き受ける子なんて本当にいるのかなあ。お手伝い程度ならともかく……。

だが、いわゆるヤングケアラーの当事者に直接話を聞く、またとない機会だ。

「僕は記者なので、もしかすると思い出したくないこと、聞かれたくない質問も聞いてしまうかもしれない。その時は無理に答える必要はないですよ」

喫茶店に着いた。彼は向かい合って座るなり、笑って答えた。

「何でも聞いてください。話せることは全部お話しします」

取材は2時間に及んだ。

彼は「ヘルパーやケアマネジャーとのやりとりは全て僕の仕事だった」と話した

小学6年生から祖母の介護を始め、毎日、朝と夜の食事を用意したこと。

大人であるケアマネジャー、ヘルパーとのやりとりを全部担当したこと。

携帯電話を野放図《のほうず》に鳴らす祖母を、学校のトイレに隠れて電話口でなだめたこと。

放課後はすぐに家に帰って、祖母と一緒に歌ったり話し相手になったりしたこと。

祖母の認知症が進み、きつい言葉を浴びるようになったこと。

やりきれなくて部屋の壁に物を投げつけたこと。

だけど、祖母に物を投げつけることだけは絶対にしなかったこと。

彼に下の世話をされて祖母が泣いたこと。

小学6年から大学1年まで続いた彼の介護は、周囲からほとんど顧みられていなかった。その孤独を、彼は悲観するでもなく、さも当たり前のように、時に冗談を交えて話した。その態度はどこか超然として、実年齢よりもはるかに大人に見えた。無数のエピソードは具体的で、詳細で、リアルだった。間違いなく本物のヤングケアラーの物語だった。

今までの境遇に後悔はないのか、と彼に尋ねた。

「介護をやっている時は疎《うと》ましくもあったけど、介護をしていたから得た物も多かったと、今は思えます」

彼はメディアの取材を初めて受けたという。

「どうして受けてくれたんですか？」

「やっぱり、知ってほしいなって思います。僕たちのような子どもがいることを。どういう支援が必要なのか、とかはわからないけど、たくさんの人に理解してほしいなって思います。僕が話すことで、今、つらい思いをしている他のヤングケアラーの子が、少しでも救われるのならと思って」

2人で喫茶店を出ると、強風はやんでいた。丁寧に別れのあいさつをする彼を、駅の改札で見送った。

向畑は「これは記事になる」と確信していた。記者なら誰しも、取材が成功した時はうれしいものだ。だがそれより、不安と重圧が胸にあった。

本当は他人に語りたくなかっただろう辛苦の日々を、さりげない勇気と覚悟をもって話した彼に応える記事が書けるか？　自分にその資格があるのか？　記事がかえって彼らの心や家庭を乱し、不幸にするのではないか？

世間をにぎわす事件でも、特ダネをつかんだわけでもない。そもそもヤングケアラーという、わかったようなわからないような言葉は、世間に全くと言っていいほど知られていなかった。

それでも、彼のような家庭環境を持った子どもが他にいないとは、もう思えなかった。彼のようなヤングケアラーが日本には相当な数、いるのではないか。少子高齢化と核家族化が進むこの国と、ヤングケアラーの存在が切っても切り離せない時代が来る。否、もうすでにその時かもしれない。限られた時間の中で調べることはいくらでもあった。

冬の陽が傾き始めるのは早い。彼が去った薄暮の街は落ち着きを取り戻していた。

彼の本名は、事情があってここには書けない。

仮の名を谷村純一と呼ぶ。

祖母の高熱　消えた初恋

朝から彼はそわそわしていた。

2010年4月、春の陽気に包まれた季節。

小学校を卒業し、ぴかぴかの中学生になった彼こと谷村純一（仮名）は、幼なじみの女の子にディズニーランドに誘われた。「純一の誕生日だよね。一緒に行こうよ」。チケットをもらった。純一はその子のことが好きだった。

やった、これってデートだよな！

待ちに待った休日、2人はJR舞浜駅で電車を降りた。改札の先に広がる非日常の空気にわくわくした。どのアトラクションに乗ろうか？　その後は？

午前10時過ぎに入場ゲートをくぐった直後、純一の携帯電話が鳴った。電話口の向こうで、デイサービス（通所介護）の担当者が慌てている。

「おばあさんが高熱を出したんです。すぐ迎えに来てください」

えっ、今から？　大人からそんな連絡が純一に来たのは、よりによってその日が初めてのことだった。

そのデイサービスには、当時85歳の祖母キミコ（仮名）がお世話になっていた。両親が離婚し、純一は父のもとに引き取られて暮らしていた。会社勤めで多忙な父は、その日は折あしく、北海道に出張して不在だった。

シンデレラ城はもう目の前。最悪のタイミングだ。

「ごめん！」

急いで彼女に事情を説明すると、そのまま電車に飛び乗って引き返した。都心の施設までまっすぐ祖母を迎えに行った。

その子とはそれっきりだった。翌日から話もできなくなった。

キミコは父方の祖母だ。一人で暮らすキミコの家は、純一が父と暮らすアパートから徒歩で2分。オシャレ好きで料理が上手なキミコは、3歳で母と別れた純一にとって、幼い頃から母親代わりの存在だったといえる。

純一が小学4年の時、軽井沢に出かけた家族旅行でキミコが転び、左足を骨折した。体のバランスを取れなくなり、キミコは杖《つえ》が手放せなくなった。要介護認定も受けた。月に一度通院するキミコに、純一が必ず付き添った。

小6のある日、下校した純一は、いつも通りキミコの家に行った。持っているカギで中に入った。

あれ、いないな。出かけたなら置き手紙があるはずだけど、それもない。どこかに行くなら美容院か病院だけど、火曜は美容院の定休日。じゃあ病院だね。

純一は一人で病院へ向かった。受付の人に尋ねた。

「おばあちゃん、来てませんか？」

キミコはめまいがするとタクシーで来院したという。純一は、そのまま主治医の部屋まで連れて行かれた。キミコが肺炎にかかり、入院が必要だと聞かされた。

あわてて家に戻って、キミコの着替えや歯ブラシを準備した。病院にとんぼ返りすると、今度は入院の保証金を請求された。「今日かあすにはお願いします」

10万円って……。小6の純一にとっては、すぐにぴんと来ないほどの大金だ。その日も父は出張中だった。

焦《あせ》ったが、とっさに祖母のへそくりの隠し場所を思い出した。足りない分は、自分のお年玉をためた通帳を使って銀行口座からおろした。純一が立て替えたお金は、後で父が返してくれた。キミコはCT検査の結果、脳梗塞《のうこうそく》も見つかり、入院が長引いた。

キミコの様子がおかしくなったのは、ようやく退院した後のことだった。

直前の会話や出来事を忘れてしまうことが増えた。台所でお湯を沸かそうとして、やかんを焦がした。認知症の兆候だった。

「火を使わせないようにしなきゃ」と、純一と父の考えは一致した。それ以降、父に何か言われずとも、朝と晩の食事を純一が準備するようになったのは父子家庭の「自然な流れ」だったように思う。おばあちゃんを1人にしておくと危ない、と純一はキミコの日常の世話も進んでした。

12歳の生活は一変した。放課後のチャイムが鳴ると、すぐにアパートではなく祖母の家に向かう。2人でテレビドラマを見たり歌ったりして過ごす。夕方になると純一がスーパーやコンビニエンスストアに行き、2人分の弁当やお総菜、パンを買ってきて一緒に食べた。最初は弁当が多かったが、キミコの健康のため、煮物や漬物なども買うようになった。

食費は、父から月に2、3万円を預かってやりくりした。父に後で見せるために家計簿をつけ、レシートをぺたぺた貼ると、純一の放課後がやっと終わる。午後9時すぎ、アパートの自宅に歩いて帰り、お風呂に入って宿題をした。朝になるとまた祖母の家に行き、前日に買った残りを食べさせてから登校した。

昼間はデイサービスやホームヘルパー（訪問介護員）が祖母の面倒を見てくれる。週に2日来るヘルパーへの「連絡ノート」も、いつも祖母と一緒にいる純一の役目だった。前日や朝の様子を事細かに記入する。キミコの具合が悪い時は、ヘルパーが体調に合った昼食を用

小学６年生から認知症の祖母を介護した純一。祖母のために近くのスーパーで買い物をするのが日課だった

意してくれた。杖が欠かせないキミコの外出には純一が必ず一緒に出かけ、転ばないように小さな手をつないだ。

友達とは全然遊べなくなった。誘われても「おばあちゃんを病院に連れて行くから」といった具合だ。それでも純一にとって、キミコはそれまで母親の代わりに面倒を見てくれた大切な家族だ。幼い胸に「自分はいいことをしている」とどこか誇らしい気持ちがあった。介護の日々を過ごすうちに、祖母の家が純一の居場所になり、祖母の世話が純一の仕事になっていた。

あのショッキングな「ディズニーランドの日」を境に、純一はヘルパーやケアマネジャー（介護支援専門員、ケアマネ）からキミコの介護について相談されるようになった。

介護の全てが純一の担当になったのだ。それは約7年間続いた。


キミコの家にはたびたび、純一に心当たりがない健康食品が届いた。

「これ、頼んだ？」

「知らない」

キミコはどこ吹く風だ。着払いで届く商品は仕方なく料金を払っていたが、半年で10件くらいと頻繁になり、たまりかねて発送元に連絡した。ところが確かに、キミコが注文した品だった。頼んだことを当人が忘れているのだ。

そうした荷物が届く度に、純一は販売元に連絡して事情を説明し、キャンセルの手続きをしてもらった。


介護生活の中で、特に純一を悩ませたのがキミコからの電話だ。

毎日午後6時過ぎ、純一は「ご飯を買いに行ってくるね」とキミコに声をかけてから出かける。キミコも笑顔で「行ってらっしゃい」と送り出す。

歩いていると純一の携帯電話が鳴る。

「純ちゃん、どこにいるの？」

声はやさしいが心配そうだ。近所のどこそこだよ、などと説明すると向こうは安心して電話が切れた。ところが数分たつとまた同じような電話がくる。毎日その繰り返しだった。

キミコは何かと不安がった。純一が中学に入ると、学校にいてもしょっちゅう電話がかかってくるようになった。中学は携帯の持ち込みが禁止されていて、家に帰ると携帯に着信が数十件、という日もあった。

「先生にわけを話しても、だめだろうな……」

しかたなく携帯を体操着の袋に隠し、先生に見つからないように持ち込んだ。授業が終わるとトイレの個室にこもり、キミコから着信がないか確認した。

着信があれば、次の授業を「おなかが痛いから」と抜け出して、誰もいないトイレで電話をかけ直す。

「ヘルパーさんが来ないの」「近所の人がゴミ出しの日を間違ってる」。キミコの用事はいつも彼女の勘違いが原因だった。

純一が高校に入ると、キミコの症状は悪化して言動がきつくなった。

「ご飯まだ？」

「なんでそんなに時間かかるの！」

放課後、今から帰ると電話をするが、純一の高校から自宅まで電車を乗り継いで50分はかかる。その間、携帯が鳴りっぱなしだった。

自宅にいても悩みは同じだ。キミコに夕食を食べさせてアパートの自宅に戻った後、何度もキミコから電話が来るからだ。

「ご飯まだ？」

仕方なくキミコの家にとって返し、カラになった弁当の容器やレシートを見せて納得させるのが常だった。

それでも高校では、携帯が禁止されていなかったのだけは幸いだった。

高1の個人面談で事情を話し、祖母とデイサービス、ケアマネの電話番号を事前に伝えた。そのおかげで授業中も、着信画面を見せれば、教室の外で電話に出ることを許された。電話が鳴る度に「何があったんだろう」と緊張した。すぐ電話を取れるようにと、祖母からの着信音を警報のようなサウンドに設定し、バイブレーターも「強」にしていた。

デイサービスから、キミコが体調を崩《くず》したから迎えに来てほしい、と連絡がくることもあった。何かあった場合の緊急連絡先が純一だから。

急ぐ時はケアマネに連絡した。先におばあちゃんを病院に連れて行ってください。学校が終わったら、僕もすぐ行きますから。

授業中の誰もいない廊下に、携帯を握りしめる純一の影がぽつんと落ちた。

中学、高校でも純一の孤独は続いた。同級生と遊ぶ時間はない。「公園に8時集合」と友達からメールで誘われても行けない自分がむなしかった。

中1のはじめ、介護生活が本格化する前に入ったバドミントン部は、祖母の食事の世話などで続けられなくなった。顧問の先生に「部をやめたい」と申し出た。するとその先生は、純一の友人関係がなくなることを心配して、退部ではなく休部扱いにしてくれた。部活には結局、それから一度も行けなかったが。

一方、別の先生には「なんでお前が介護をやってるの？」「親に頼めないのか」と突き放された。キミコの世話で学校に遅刻した時、厳しい態度をとるのはベテラン教師に多かったという記憶がある。逆に若い先生ほど、純一の話に耳を傾けてくれた。

高校の文化祭の終わりに「打ち上げ」をしたファミリーレストランが、友達と遊びに出かけた唯一の思い出だ。

純一はキミコを疎ましく思うことが増えた。部活にアルバイトに遊びに、学生生活を満喫する友達がうらやましかった。みんなは好きな服を買って自由に楽しんでるのに、僕はバイトさえできないなんて。

イライラすると自分の部屋にこもり、大声で叫んでリモコンや枕を壁に投げつけた。思ったより大声だったらしく、声が漏れていたと近所の人に後から聞いた。キミコとの口げんかも増えたが、祖母に物をぶつけることだけはしなかった。

「誰も悪くない。僕がやらなきゃいけないいんだ」

学校とは別のところで、思わぬ「友達」ができた。祖母が80代の友人らとたまに出かける食事会だ。純一1人だけが10代、という変わった会だった。

「キミコさんの面倒を見てくれて、ありがとうね」

祖母の友人たちから感謝され、お小遣いをくれる人もいた。

彼らは昭和歌謡やグループサウンズの世代である。祖母や彼らと接するうちに、純一も昭和歌謡が大好きになった。海援隊や森山良子も聴く。逆にいわゆる月9のような、若者向けのTVドラマは今も一切見ない。

純一が高2の時、キミコは胃がんを患った。自動的に、薬の管理も純一の「仕事」になった。飲み込む力が弱くなったキミコが喉に詰まらせないよう、好物の冷やし中華は細かく切って食べさせた。高校では、毎週火曜だけ活動する料理部に入った。「作ったおかずを家に持って帰れば効率がいい」と思ったからだ。部活は午後6時まで。その後に携帯を見ると、やっぱりキミコからの着信がたくさん残っていた。

見かねたヘルパーが、業務外でこっそり純一の分のご飯も作ってくれた。わかってくれる人がいると思うだけで嬉《うれ》しかった。

覚悟を決めてキミコのお漏らしもきれいにした。「お風呂に行って洗おうね」。男の孫である純一に下の世話をされた祖母は「ごめんね」と泣いた。

一番つらかったのは大学受験が迫る高3の時期だ。

夜中、勉強していると携帯が鳴る。着信画面には「おばあちゃん」。大事な時期だからとなだめると、祖母も一度は謝って電話を切るが、すぐに忘れて何度もかけてきた。だから携帯は必ず勉強机の上に置いていた。

父親がたまの休日、純一に代わってキミコの食事を介助してくれることもあった。キミコは決まって抵抗した。見かねて純一が替わると素直に食べてくれた。「おばあちゃんには僕しかいないんだ」

受験を控えた12月、知らないうちにキミコが救急車を呼んで、午前3時に病院から連絡が来た。朝までかかるといけないと、念のため制服に着替えて向かった。しかし夜中に路上で手を挙げる学生を怪しんで、タクシーが全然止まってくれない。

何とか病院に着くと、キミコはケロッとしていた。どうして自分が病院にいるのかも理解していなかった。

外で救急車のサイレンが鳴ると「うちじゃないか？」と純一はいつも心配になった。今でもサイレンの音にビクッとする。

大学には何とか合格した。普通の学生なら新生活に期待を膨らませるところだが、純一はサークルに入らず、同級生にも話しかけなかった。周囲から自分を「シャットダウン」していた。友達と遊ぶ時間はない。ならいっそ、友達をつくらない方が幸せだから。

突然、転機がきた。

大学1年の夏、キミコが自宅で転んで歩けなくなり、3カ月間の入院が必要になった。リハビリを続けたが、病院から「このまま自宅で生活するのは危ない」と忠告された。家族で相談し、キミコを施設に入所させることが決まった。

純一は、約7年間の介護から解放された。

週末の祖母との面会こそ欠かさなかったが、自分の時間を持てるようになった。大学に友達ができ、アルバイトを始め、車の免許も取った。「学生生活ってこんなに楽しいんだ」。事情を知らない友達から「最初の頃、なんでふさぎ込んでいたの？」と言われた。

大学の卒業を控えた2020年2月6日の夕方、年明けから肺炎で入院していたキミコを、父親と一緒に見舞いに行った。純一はその直前に毎日新聞の記者、向畑泰司から初めて取材を受けていた。95歳になったキミコは、酸素マスクを付けられて呼吸がつらそうだった。

純一たちが帰宅した後、突然病院から、キミコの脈が安定せず危篤《きとく》状態に陥った、と連絡が入った。医師から「今夜が山」と告げられ、その夜は病院に泊まった。早朝、脈が落ち着いたので帰宅して仮眠をとったが、午後5時すぎに再び血圧と脈が低下したと急報があった。

7日午後7時過ぎ、駆けつけた病室には心肺装置の電子音が鳴っていた。祖母の心臓は装置のおかげでかろうじて動いていた。つい1週間前は元気だったのに。

純一はキミコの横顔をなでて、手を握った。意識がもうろうとしている祖母は目だけで純一の方を見た。握る手の力が少し強くなった。

幼いころから、いつだってつないできたその手は、やせてずいぶん細くなっていた。「可哀そうだから、延命はもうやめてください」。純一と父は医師に伝えた。

キミコは家族に見守られ、静かに息を引き取った。最期まで手を握っていた純一は、祖母に「よく頑張ったね」と声をかけた。涙がぼろぼろこぼれた。

大学を卒業した純一は、大手スーパーに就職した。採用面接では、介護の経験を社会に生かせると思って志望したことを話した。

祖母のために買い物にスーパーに通った日々。キミコのようなお年寄りが、店に来るんじゃないか。自分と同じ境遇の子がいたら「大丈夫?」と声をかけてあげたい。

「介護をやっている時は、他の子と状況が違うし、それを疎ましく思うこともあったけれど、介護をしていたからグループサウンズが好きになったし、お年寄りへの接し方も学んだと思います」

取材を受けたことはまだ父に話していない。迷惑をかけたくないのと、自分の本音を知られる気まずさが混ざり合い、心の整理がつかないのだ。

それでも、多くの人たちにヤングケアラーのことを知ってほしい。世間の人たちに彼らの小さな悲鳴を聞いてほしい。

第1章

透明な存在

ヤングケアラーってなに？

東京・歌舞伎町の焼き肉屋に、じゅうじゅう肉を焼く音と白煙が立ちこめていた。

2019年9月18日、東京五輪・パラリンピック招致の記録文書をめぐる取材のさなか、毎日新聞の特別報道部に所属する向畑泰司と先輩記者の、ちょっとした息抜きの夜だった。

「ヤングケアラーって知ってます？」

サムギョプサルを肴《さかな》に、マッコリの杯をちびちびやっていた向畑が唐突《とうとつ》に尋ねた。

「……なにそれ」

ほろ酔いの先輩はぽかんとしていた。新聞記者にも耳慣れないその言葉は、家族を介護している子どもを指す用語だ、と向畑は説明した。介護の負担が重くなると、学業や友人関係、就職にも悪影響が出て、時にはその子の人生を左右してしまうケースもあるようなんです。取材してみたいんですけど、どう思いますか？

向畑は、昔、一度だけ取材した若者のことがずっと頭から離れない、と言った。うなずいて聞いていた先輩は次第にまじめな顔になった。

「ムコちゃん、それは絶対やった方がいい。きっと大勢の読者が共感するよ」

「でも、僕の異動までたぶんもう半年もないんですよ。今から取材して記事にできるかどうか」。自分から相談したくせに、向畑は自信がなさそうだった。

特報部（特別報道部は社内でそう略される）は記者クラブに属さず、日常の義務的な取材を免除される。その代わりに時間をかけて世の中から隠れた問題を掘り起こす、いわゆる「調査報道」を専門としていた。記者1人あたりの所属期間は長くて2〜3年。大阪社会部から異動してきた向畑は、このとき、特報部の在籍がすでに2年半に及んでいた。

それでも先輩は「いいテーマなのに取材しないのはもったいない」と背中を押した。

ふと、夏に生まれた長男のことを向畑は思った。もしあの子が父親の自分を介護することになったら、自分はどう思うだろう？　調査報道のベテランである先輩にお墨付きをもらって、少し自信も出たことだし、やってみるか。

2人は終電間際に店を出た。酒豪の先輩に対して向畑はあまり量を飲まない。歓楽街を吹き抜ける風はすっかり秋めき、半袖シャツでは肌寒かった。

向畑は翌日から下調べにかかった。ヤングケアラーに関して何がわかっていて、何がわかっていないのか。もし新たな事実が掘り起こせれば、それが記事になる可能性がある。連日、東京・永田町の国会図書館に通い、既存の文献や論文を読みあさった。

その結果わかったのは、日本にはいったいヤングケアラーが何人いるのか全くわからない、ということだった。全国規模の調査が行われたことがないからだ。一部の研究者や自治体による調査結果は存在したが、本格的に支援をしている自治体は少ない。支援団体から働きかけを受けた国会議員の動きも鈍かった。介護をする子どもたちは世間から「親孝行な子」「えらい子」「仲のいい家族」と称賛されることはあっても、「支援すべき対象」とみなされることは少なかったからだ。

確実に存在しているはずのヤングケアラーは社会の陰に埋もれ、多くの人々の目に入らない「透明な存在」だった。当事者の子ども自身が口を開くこともまれだ。記事を書いたところで誰も関心を示さないかもしれないな、と向畑は思った。実情を世の読者にうまく伝える自信がなかったことが、それまでヤングケアラーの取材を尻込みしてきた理由でもあった。

迷っていた10月中旬、向畑は特報部長の井上英介からお茶に誘われた。2人は東京・竹橋の毎日新聞本社にある喫茶店の席におさまると、コーヒーを注文した。東京都の受動喫煙防止条例が施行される半年前のことで、店内はタバコの匂いと煙が薄く漂っていた。その店を選んだのも愛煙家の井上だ。

向畑は、自分のしている作業が無駄かどうか、上司の意見を聞きたくなった。

「ヤングケアラーって聞いたことありますか」

「何のこと？」

井上もやはり、すぐには飲み込めなかった。向畑はこの1カ月で調べた限りを自分なりに整理して伝えた。日本には、家族を介護している子どもが相当いると推察されますが、実態がわからず支援策もないのが現状です。中には介護で学校に行けなかったり、将来を諦めたりしている子どもたちもいるみたいなんです。

井上はびっくりしていた。社会部の経験が長く、部下のアイデアを面白がってぽんぽん取り入れるタイプの上司だ。「早く企画書を書いてくれ。君がいま抱えている五輪の取材が終わったら、すぐに取りかかろう。人繰りは俺がどうにかする」

人繰り？　向畑は意外な感を受けた。1人で取材するつもりだったし、それぞれ狙った「獲物」を追いかけている特報部の同僚を巻き込むのは申し訳ないな、と思っていたからだ。

しかし井上は即決した。これは部としてきちんと取り組んだ方がいいぞ。

11月、向畑と特報部の後輩の田中裕之の2人による、ささやかな取材班が結成された。事件記者の向畑と違って、政治部の経験が長い田中は政治家や中央省庁の取材に慣れている。井上が指名し、ヤングケアラーの支援には最終的に政府や永田町を動かす必要がある、と向畑も賛成した。

田中は耳慣れないテーマを聞いて戸惑ったが、別の取材班の仕事を終えたばかりで「渡りに船」のタイミングだった。担当デスクになった特報部副部長の松尾良は、デジタル化が進む社内にあって、印刷した原稿に赤鉛筆で線を引いて読むアナログ派だ。ヤングケアラーというテーマに「なんで横文字なんだ。日本語訳はないのか」とぶつぶつ言いながらデスクを引き受けた。

若い介護者

ヤングケアラーが向畑の心にトゲのように刺さることになった出来事は、取材班が結成される数年前、大阪社会部時代にさかのぼる。

２０１５年11月、向畑は男性の家族介護者を支援する団体「ＴＯＭＯ（トモ）」を取材した。当時は雑多なテーマを追う大阪社会部の遊軍担当で、在宅介護をめぐる連載を計画していた。家事・育児に不慣れな男性が介護に直面すると、大きな負担を感じてしまうなど、男性の介護者には彼ら特有の悩みや苦労があるとされる。

向畑が訪れた京都市中京区の喫茶店では、10人ほどの中高年男性がテーブルを囲んだ。雑談や近況報告をして、それぞれに助言や励ましの言葉を送り合っていた。その輪の中に１人だけ、20代にみえる若者が目を引いた。彼は30分ほどで、次の予定があるからと席を立った。

「あの人は、介護問題を研究している大学生か研究者ですか」

「いやいや、彼も介護者ですよ。おじいちゃんの介護をしています。なんや、ヤングケアラーと呼ぶらしいですわ」

「ヤングケアラー、ですか？」

初めて聞く単語だった。考えてみれば少子高齢化の時代だ。若者が家族を介護することがあってもおかしくはないが、あまり現実感がない。そういえば、自分が小中学生の頃も、母親を看病している同級生がいたような……。はっきり思い出せないのは、そんなことを意識せずに過ごしていたからだ。あの子の学校生活はどうだったのか？　支援はあったのか？　向畑はこの時初めて、ヤングケアラーという人々の存在を認識した。

翌16年3月5日、岡山大学（岡山市）の教室を訪れた。その男性、朝田健太（30）が大学主催の講演に招かれていた。マイクを握った朝田は自身の介護経験を明かした後、居並ぶ約30人の学生に問いかけた。

「若者が介護することで払った犠牲は、自己責任なんでしょうか？」

温厚そうな朝田の淡々とした口調に、かえって凄《すご》みがあった。教室の空気が変わり、学生たちが緊張するのがわかった。

君たちがもし僕ならどうする？　誰も助けてくれないよ？

向畑は、朝田の心の叫びを聞いた気がした。

ヤングケアラーを国民のどれほどが知っているのか。直訳すれば「若い介護者」だが、日本にはこの言葉の明確な定義が存在しない。それは、日本社会が彼らの存在に目を向けてこなかった証左《しょうさ》かもしれなかった。家族介護者を支援している一般社団法人・日本ケアラー連盟（東京都）は、諸外国の先行例も踏まえて次のように定義する。

「家族にケアを要する人がいる場合に、大人が担うようなケア責任を引き受け、家事や家族の世話、介護、感情面のサポートなどを行っている、18歳未満の子ども」。「ケアが必要な人は、主に、障がいや病気のある親や高齢の祖父母だが、きょうだいや他の親族の場合もある」

ヤングケアラーの多くは思春期にあたり、ケア（介護や世話）の内容は家事、身体的な介助、見守り、情緒面のサポートなど多岐にわたる。彼らは成人した介護者と違ってまだ社会経験が乏しく、年相応以上の責任や役割を課されてしまった場合、学校生活や心身の健康に悪影響が生じ、遅刻や欠席、成績の低下や友人関係に支障が出ることも少なくないとされる。

向畑は試しに「ヤングケアラー」をインターネットで検索したが、当時、日本語サイトにはめぼしい記述が乏しかった。毎日新聞のデータベースに登録された過去の関連記事はわずか2件。他のメディアも似たようなものだった。

向畑は「TOMO」に仲介してもらい、朝田を取材した。講演を聴いた後、対面して詳しく話を聞いた。大学時代から認知症の祖父を介護し、毎晩眠れなかったこと、介護に疲れて大学院を辞めたこと……。朝田はまさに大きな自己犠牲を払っていた。

朝田のエピソードは、2016年4月、毎日新聞大阪本社の紙面で、連載「介護家族」の1

回分として掲載された。ただ、この連載は在宅介護をさまざまな角度から描くのが目的で、ヤングケアラーはその一局面として取り上げたにすぎない。東京など他の本社の紙面には採用されなかった。いつか、この問題を取り上げたい。その心残りは、その後の数年、いつも向畑の頭の片隅にあった。

統計がない

井上特報部長に指示を受けた向畑は、初めて正面からヤングケアラーの企画書を書いた。タイトルは少し考えて、「介護する子どもたち」とした。

特ダネを使命とする特報部が記事にする以上、とりあえず紙面で1面トップを目指す必要がある。毎日新聞は紙からデジタル重視へと移行しつつあったが、社内には依然として、紙に対する「信仰」が根強かった。下調べをする中で、向畑は「ヤングケアラーの全国的な傾向や指標を数字で示す方法はないか」を考えるようになっていた。何かの形でそれが示せれば、堂々と1面を張れるはずだ。

目をつけたのは総務省の「就業構造基本調査」だ。読みあさった文献や論文の多くが、ヤングケアラーの規模を示す指標に近いものとしてその調査結果を持ち出していた。一般にあまり知られていないこの調査は5年ごとに実施され、最新の2017年版では、全国の15歳以上の約108万人に「介護の有無」などを尋ねて、介護者の数を世代別に推計していた。家族介護の実態についての数少ない政府統計である。

だが問題は、最も若い世代の区分が「30歳未満」とひとくくりにされている点にあった。その区分、つまり15歳から29歳までの若い世代の介護者は、推計で2012年に17万7600人、17年は21万100人。10代〜20代の若い介護者が増えているのは確かなようだ。しかし、日本ケアラー連盟が定義する「18歳未満」の子ども、少なくとも当時民法が未成年として規定していた19歳以下の人数はこの区分上わからない。この大雑把《おおざっぱ》な統計のとり方は、政府がヤングケアラーの存在を全く意識していないことを如実《にょじつ》に示していた。

向畑は、17年の推計21万100人の中から未成年だけを抽出《ちゅうしゅつ》することはできないかな、と考えた。それができれば、おそらく日本で初の「介護する子ども」の全国統計だ。総務省に交渉してみよう。とりあえず企画書には「就業構造基本調査」とだけ記した。

企画書にはもう一つ、ヤングケアラーが過酷な介護の末に起こした刑事事件を記事にしたい、と書いた。事件記者の向畑らしい発想だが、紙面を大きく割くに値するネタだ、と編集局内を説得するためのアイデアでもあった。ヤングケアラーの報道や当事者へのインタビューはわずかだが当時すでに存在しており、企画書で「目新しさ」を打ち出す必要があった。

11月25日、東京本社4階の特報部で、取材班の向畑、田中とデスクの松尾が初めて打ち合わせをした。企画書には、向畑が調べた一部の自治体や研究者の過去の調査も列挙されていたが、それだけを大きな記事として取り上げるのは難しい。むしろヤングケアラーの初の全国集計を目指そう、という向畑の考えに他の2人も賛成した。ただ、最初に記事にするエピソードとして刑事事件を取り上げることには松尾が異論を唱えた。

「うちの過去の紙面も含めて、ヤングケアラーをきちんとまとめた記事はほとんどない。ということは、読者はこの問題を何も知らない。問題提起の時に事件を起こした『特別な子』を取り上げたら、読者はヤングケアラーってそういう子たちだ、と思ってしまうよ。ほとんどのヤングケアラーは事件なんて起こさない『普通の子ども』なんじゃないの？」

話し合いの末、全国集計と並行して、現在進行形で介護をしている10代の子どもを探して実態を証言してもらおう、ということになった。ただ、現役のヤングケアラーを取材する難しさを、メンバーはこの時まだ理解していなかった。

翌日午前11時ごろ、向畑は緊張しながら、就業構造基本調査を担当している総務省統計局に電話を入れた。まずはこの電話の成否に、今後の方向性がかかっている。ダメならまた一から考え直しだ。

「毎日新聞の向畑といいます。就業構造基本調査のことでご相談がありまして」

先方の女性職員が電話口で応対した。趣旨を必死で伝えると、反応は悪くなかった。

「そちらのお話はよくわかりました。集計が可能かどうか、上司に確認した上で折り返します」

向畑は自分の携帯電話の番号を伝えて受話器を置いた。祈るような気持ちだったが、心のどこかで、すでに公表された統計の再集計なんて難しいだろうな、とは思っていた。相棒の田中やデスクの松尾もそんな話は聞いたことがないと言っていた。1時間たっても電話は鳴らず、2時間、3時間と待つことになった。他の仕事が手につかなかった。

午後3時すぎ、ようやく折り返しの電話があった。職員のトーンから結論が予想できた。

「先ほどお話をいただいた件を上司と話したのですが、すでに決まっている調査の年齢区分を変更するのは、やはりできないみたいでして」

「そうですか……」

「お話しされていた取材の目的は重々わかったのですが、期待にそえなくてすみません」

いきなり暗礁《あんしょう》に乗り上げたな。

「ただ一つだけ。向畑さんは『オーダーメード集計』というのはご存じでしょうか」

「えっ?」

「これは私ども統計局ではなく、別の組織が担当しているんですが、国の統計をまさにオーダーメードで再集計できる制度があります。それを利用すれば、もしかすると目的の数値が出てくるのではないかと上司と話していたんです。あくまでご参考の情報ですが」

オーダーメード？　再集計ができる？　いったい何のことだ。

「ネットで調べれば出てきますか？」

「出てきます。統計センターというところが実施しています」

「わかりました。調べてみます」

向畑はひとまず電話を切った。交渉がうまくいかなかったショックの方が大きかった。どうやってリカバリーしよう、そればかり頭をめぐった。近くの松尾の席まで行って「統計局はダメでした。ちょっと考え直さないとダメですね」と報告した。松尾も「そうか」と残念そうな顔をした。

向畑は自席に戻ると、電話中にノートに書き殴った「オーダーメード集計」という単語を、ともかくパソコンで検索してみた。独立行政法人「統計センター」（東京都）のホームページがすぐに出てきた。こんな説明がついていた。

「統計法第34条に基づいて統計センターが一般からの委託に応じて行政機関等が行った統計調査の調査票情報を利用して、統計の作成又は統計的研究を行う」

読み進むうちにようやく、向畑は、総務省の女性職員が教えてくれたことの重要性に気がついた。要するに、政府がすでに発表した統計の基となる個別のデータを、民間が統計センターなる法人に委託し、再集計することができる制度だった。結果は公のものとして発表され、誰もが見られるようになる。就業構造基本調査もこの制度の対象だ。２０１９年5月に統計法が改正され、集計対象の拡大や手数料の引き下げなど、利用者の利便性を良くする見直しが行われたばかりだという。

これはもしかすると、もしかするぞ。

ただ、この制度は誰でも利用できるわけではなく、研究や教育目的など、再集計が公の役に立つかどうかという審査を受けなければならない。統計センターのホームページには実績一覧も公開されていた。過去に再集計を請求した多くは大学教授や研究機関で、ざっと見た限り、新聞社などのメディアが利用した形跡はなかった。

「こうなりゃダメで元々だ」と思い、統計センターの問い合わせフォームに、取材の目的とこちらが想定している再集計の内容をメールで送った。返答は2日後。意外に早かった。

「介護している10代の人口の集計は可能です。内容を調整させていただき、審査会で問題なしと判断されたら、正式に申し出（申請）する流れとなります」

一筋の光が見えてきた。

それ以降、統計センターの担当者とメールでやりとりし、詳細を詰めた。15～19歳の介護者数を抽出するだけでなく、就業構造基本調査にある「性別」「職業」「通学の有無」「介護の頻度」などの設問と組み合わせて、詳しい実態を示したい。10代の介護者の増減を知るには、再集計は少なくとも2012年と17年の2回分を対象にしよう。

12月6日に再集計の内容が全て固まった。集計項目やセンターの作業時間によって費用負担は異なるが、今回の見積もりは数万円だという。安くはないものの、泊まりがけの出張1回分と思えば会社の許可も出るはずだ。

「10代介護者の数や傾向を明らかにすることで、ヤングケアラーの実態や支援のあり方を社会に問題提起する記事を発信したい」。向畑は再集計の意義を記すと、申請書を添付したメールを統計センターに送った。4日後の12月10日、統計センターから連絡があった。「先ほど審査会が終了し、問題なしとされました」

「当時を再現」光と影

一方、10代のヤングケアラー探しは難航していた。

向畑と田中は東京近郊の支援団体や専門家を回った。「本人に意向を聞いてみましょう」と言ってくれる関係者はいたが、取材だと伝えると当事者から拒否された。家族の介護という自分の私生活、特にその負の部分を、赤の他人である記者にさらけ出すのは簡単ではない。しかも当事者の多くは多感な中高生だった。

取材を始めてすぐに「子どもたちへの取材許可を誰からもらうのか」という問題も浮上した。向畑たちの経験上、通常の取材では、未成年に関しては保護者や学校など、周囲の大人の許可を得て取材する。しかしヤングケアラーは、許可を出す親や家族自身がその子どもに介護《ケア》されているケースも少なくなく、取材を渋ることが考えられた。

かといって、子ども本人から承諾を得ただけで記事を書いていいのか。取材を受けることの社会的な影響が、未成年にはきちんと判断できないかもしれない。記事が載った後でトラブルが起きれば、相手が子どもだけに社の責任問題になりかねなかった。

「今日もダメでした」「やっぱり難しいね」。この頃、向畑と田中が交わすメールには愚痴《ぐち》と失望の言葉が並んだ。12月の凪の冷たさも、外回りをする2人を余計に落ち込ませた。

雨交じりの雪がちらつく日、向畑と田中は東京・武蔵野の成蹊大キャンパスにある澁谷《しぶや》智子准教授の研究室を訪ねた。澁谷は、早くからヤングケアラー問題に着目していた国内の第一人者だ。自治体と協力して実態調査を行い、先進的な支援に取り組む英国にも渡った経験を持つ。田中は澁谷とはこの日が初対面だった。

澁谷は取材協力を快く引き受け、オーダーメード集計の話には「そんな手法があったんですね」と驚いていた。2人は、10代のヤングケアラー探しが難航して困っている、と正直に打ち明けた。

「私も当事者のインタビューなどを通じて感じることですが、10代の子はまだ自分の境遇を客観的に見るのが難しい。もう少し年齢を重ねた人の方が、自分の経験を客観視して話すことができるように思います。実情をわかりやすく伝えるという意味では、必ずしも10代にこだわる必要はないんじゃないですか」

うすうす限界を感じつつ、対象は未成年しかないと思い込み、視野が狭くなっていた2人には目から鱗《うろこ》だった。社に戻ってデスクの松尾と相談し、思い切って方針転換した。成人した元ヤングケアラーに子ども時代を語ってもらい、当時の介護の様子をドラマのように記事で再現しよう。成人なら、本人が取材を承諾してくれさえすれば問題はない。「オーダーメード集計がうまくいったら、当事者の記事はそれで構わない」と松尾は答えた。向畑と田中は久々に気分が上向いた。年の瀬の夜のイルミネーションがまぶしく見えた。

2人は年明けから、再び支援団体や研究者を回った。取材の対象を「子どもの頃から介護を続けている大学生」「元ヤングケアラーの20代」まで広げると、以前よりもぐっと情報が集まり始めた。数人が取材を承諾した。面白いもので一つの取材がうまくいくと、今までが嘘のように次々と「いい流れ」ができることがある。2人は連日のようにインタビューに追われるようになった。

ある日、田中が向畑にこぼした。

「この取材は1日1人が限界ですね」

向畑も同じことを感じていた。記者として客観的にインタビューをしているつもりが、いつのまにか元ヤングケアラーの話に感情移入し、彼らの境遇や思いを抱えきれなくなる瞬間がある。取材をしたあと眠れない夜もあった。「自分たちが万全な状態でないと、先方にも失礼だ。取材の日程は、何日か間を空けて入れることにしよう」と2人は一致した。

時代に合わせたデジタル展開は田中の発案だった。

「ヤングケアラーと同世代の若い人に読んでほしいですよね」

正月早々、松尾と向畑にそう持ちかけ、2人も賛成したが、3人ともネットやSNSの知識にうとかった。そこで、IT業界から毎日新聞デジタルメディア局へ転職してきた渡邊あゆに田中が助言を求めた。社内の若手・中堅の勉強会で知り合った渡邊は、田中とも年が近く、ざっくばらんに相談できそうだ。2月7日の夜、向畑、田中、渡邊の3人がデパ地下で買ったワインや総菜を東京・大手町のワーキングスペースに持ち寄った。居酒屋で酔っ払い半分の打ち合わせが多い向畑、田中には新鮮なスタイルだった。

「若い読者に、私のことかもしれない、あの子のことかもしれないと感じてもらえると思います。個人のストーリーを長く読んでもらうというのはどうですか」

そう渡邊は勧めた。紙の新聞は面積がおのずと限られ、記事は1本あたり長くても1200字程度。しかしネットなら1万字でも「読まれる記事」があるという。松尾も渡邊と上司の立花健一に教えを請うた。毎日新聞ニュースサイトの担当者と相談し、ヤングケアラーの特集ページを開設する手はずをした。当時、毎日新聞は安倍晋三首相の「桜を見る会」をめぐって、他社に先行する記事を連発していた。その特集ページをお手本とし、ツイッターの取材班アカウントも作った。

日本初の全国集計

独立行政法人の統計センターから大きな封筒が特報部に届いたのは、2月14日のバレンタインデーだった。中身はCD－ROMが1枚。向畑は、2017年の就業構造基本調査を再集計したオーダーメード集計のファイルを開いた。項目と数字の羅列を理解するのに少し時間がかかったが、ようやくお目当ての数字を見つけた。

「3万7100人」

調査が対象とする15歳から、19歳までの未成年の介護者のみを抽出した人数だ。日本政府の統計から初めて判明した、ヤングケアラーの全国規模だった。

向畑はすぐに取材班の田中とデスクの松尾、部長の井上、もう一人の特報部デスクである川辺康広にメールで報告した。

向畑は「結果」が出たことにほっとした一方で「こんなものかな」と戸惑いを感じていた。この3カ月取材をした実感として、もっといてもおかしくないと思ったからだ。3万7100人が多いのか少ないのか、ニュースの価値判断に迷っていた午後、特報部の部屋に川辺がやって来た。

「ヤングケアラー、すごい数字が出たな」

「そう思います？　僕はもう少し多いかなと思っていたので、数字をどう解釈していいのか、わからないんです」

「いやいや、読者が聞いたらビックリする数だよ。介護をしている子がこんなにいるのかと俺も驚いた。1面でやる価値のあるネタだ」

いくら個別事例を並べたところで「それは特殊なケースでしょ」と言われてしまえばそれまでだ。しかし3万7100という数字に、そんな言い方で済まない重さがあるのは確かだと思われた。

松尾も向畑に、万を超えれば扱いはもちろん1面だと言った。

オーダーメード集計を詳細に読み込むにつれて、10代の介護者にどういう傾向があるのかも少しずつわかってきた。

2017年をみると、家族の介護をしている15～29歳の21万1000人（以下はいずれも推計値）のうち、15～19歳は3万7100人。その約8割にあたる3万700人の子どもが通学しながら介護をしていた。さらに、そのうち4900人は「通学が主で仕事もしている」と答えていた。通信制・定時制の高校や専門学校に通いながら、仕事やアルバイトを持ち、さらに介護もしているといったケースが考えられた。

日本ケアラー連盟などの支援団体や元ヤングケアラーたちへの取材を踏まえると、背景には少子高齢化やひとり親家庭の増加などがありそうだ。「お手伝い」の域を超える過度な介護の負担が長期間続くと、その子どもは心身に不調をきたしたり、遅刻や欠席が多くなったりして、学業や友人関係への悪影響が大きくなる。進学や就職を断念するなど、子どもの将来を左右してしまう事例もあると、取材班はそれまでの取材で把握していた。

「介護の頻度《ひんど》」の再集計にも重い現実があった。介護が「週に4日以上」と答えた子どもは、少なくとも1万2700人いた。介護をしている子ども全体の3割強が、週の半分以上の日数、介護に従事していた。より日数が少ない「週に1～3日」の9800人、「月に3日以内」の7200人を大きく上回る。

「通学しながら…」と「週に4日以上」をクロス集計した結果でも、通学しながら介護をしている子どもの3割強が、介護に週4日以上をあてていた。その子たちは、学校と介護を日常的に「両立」しなければならない状況にあることを意味した。

ヤングケアラーの性別は、女子が1万8900人、男子は1万8200人と、ほぼ半々だった。「家のことは女性がするもの」という保守的な価値観がヤングケアラーの性別にも反映しているかもしれない、という取材班の予想は外れた。

一方、2012年の就業構造基本調査のオーダーメード集計によると、15〜19歳の介護者は3万4200人。17年までの5年間にヤングケアラーが約3000人増えた計算になる。12年は「通学している」と「通学が主で仕事をしている」が計2万8000人で、全体の8割以上が家族を介護しながら通学しているという傾向は17年と同様だった。「介護の頻度」は17年から新たに加えられた設問で、12年とは比較できなかった。

少子化で子どもの数が減る中、今後、ヤングケアラーの人数そのものが急増する可能性は低いかもしれない。人数にまして重要なのは、子どもの全人口に占めるヤングケアラーの割合(存在率)だ。17年の15〜19歳の世代人口(約598万人)に対し、介護者の存在率は0・62%。その5年前の12年は0・57%で、ヤングケアラーがわずかとはいえ増えていることを数字が示していた。電卓をたたく向畑の手に自然と力が入った。

「幼き介護」キャンペーン

3月5日、デスクの松尾がそれまでの取材結果をまとめ、キャンペーン報道全体の案を向畑と田中にメールで送ってきた。キャンペーン名は「ヤングケアラー　幼き介護」と書いてあった。向畑は「いいタイトルですね」と返信したが、田中は違う反応を示した。

「ヤングケアラーは身体的な介護だけでなく、精神のケアやきょうだいの世話など、多岐に及びます。キャンペーンで『介護』と決めつけてしまうのは、どうなんでしょうか？」

田中の主張には理由があった。日本ケアラー連盟は、ヤングケアラーを次の10種類に分類し、理解を促すためのイラストとともにホームページに掲載している（番号は取材班が便宜上つけた）。

①障がいや病気のある家族に代わり、買い物・料理・掃除・洗濯などの家事をしている
②家族に代わり、幼いきょうだいの世話をしている
③障がいや病気のあるきょうだいの世話や見守りをしている
④目を離せない家族の見守りや声かけなどの気づかいをしている
⑤日本語が第一言語でない家族や障がいのある家族のために通訳をしている
⑥家計を支えるために労働をして、障がいや病気のある家族を助けている

障がいや病気のある家族に代わり、買い物・料理・掃除・洗濯などの家事をしている

家族に代わり、幼いきょうだいの世話をしている

障がいや病気のあるきょうだいの世話や見守りをしている

目を離せない家族の見守りや声かけなどの気づかいをしている

日本語が第一言語でない家族や障がいのある家族のために通訳をしている

家計を支えるために労働をして、障がいや病気のある家族を助けている

アルコール・薬物・ギャンブル問題を抱える家族に対応している

がん・難病・精神疾患など慢性的な病気の家族の看病をしている

障がいや病気のある家族の身の回りの世話をしている

障がいや病気のある家族の入浴やトイレの介助をしている

⑦アルコール・薬物・ギャンブル問題を抱える家族に対応している
⑧がん・難病・精神疾患など慢性的な病気の家族の看病をしている
⑨障がいや病気のある家族の身の回りの世話をしている
⑩障がいや病気のある家族の入浴やトイレの介助をしている

一般的に、「介護」という言葉は、高齢者への物理的介助などをイメージする人が多いとみられた。ヤングケアラーを問題提起する際、介護をキーワードにすると、多様な「ケア」の実態が読者に伝わらないのではないか、と田中は懸念した。

4日後、3人が急きょ集まり、「幼き介護」

とした理由を松尾が説明した。

「ヤングケアラーが多様なことはわかっている。『介護』よりいい訳語を考えたが思いつかなかった。でも、『ケア』は全ての世代にそこまで浸透している言葉かな？　ヤングケアラーなんて知らない読者が、見出しやキャンペーン名にピンとこなければ、その記事はそもそも読んでもらえない。ありていに言うと、何も知らない編集者に記事を売り込む時も『介護』の方が通りやすい。あえてイメージしやすい言葉で読者を引きつけて、多様なケアについては、今後の記事で少しずつ理解してもらうのが現実的だと思う」

向畑も、多くの読者に興味を持ってもらうにはタイトルがキャッチーなものがいい、と思っていた。田中も最終的に受け入れ、2人は原稿の執筆に着手した。

日常生活が新型コロナウイルスの猛威とともに一変しつつあった。3月11日、WHO（世界保健機関）のテドロス事務局長は「パンデミック（感染爆発）だ」と警告した。国内でも、春のセンバツ高校野球が史上初めて中止された。品薄のマスクを求める人々が、ドラッグストアに行列を作った。コロナウイルス報道が新聞各紙の紙面を席巻した。

3月19日の木曜日、東京本社4階の編集局で翌日からの3連休の紙面会議があった。「22日付の朝刊の1面が奇跡的に空いている。ただ、コロナのニュース次第ではそちらが優先されそうだ」。会議から戻ってきた松尾が言った。記事がその日コロナで「飛んだ」場合、次の掲載のチャンスは見えない。針の穴を通すようなタイミングといえた。

連休の中日にあたる21日、幸い、1面級の新たなニュースは飛び込んでこなかった。当日の紙面会議に松尾が出席して掲載が決まると、取材班の2人と井上、川辺も出社してきた。紙面は翌日付だが、ニュースサイトでは当日のうちに一連の記事を配信する計画だった。

夜に配られた1面のゲラ刷りは、向畑、田中の署名で「介護する子ども3・7万人 15〜19歳 8割、通学中」の大見出しがトップに躍っていた。就業構造基本調査のオーダーメード集計を毎日新聞が独自に行い、「介護する10代の現状が全国規模で判明したのは初めて」だと、報道の意義も明記された。毎日の名物コーナーである3面「クローズアップ」では、再集計の詳報やヤングケアラーの実情、問題点を整理して伝えた。

ただし、1面の見出しに「ヤングケアラー」という用語は採用されなかった、やはり編集者（新聞社のいわゆる整理部）としては、知名度の低いキーワードを見出しに取るのをためらったんだろうな、と松尾は黙ってそれを受け入れた。ニュースサイトの方には「ヤングケアラー　幼き介護」というキャンペーン名が初めて掲載されたが、大きな見出しは「家族を介護する10代」とされた。

3面の「クローズアップ」の柱として、仙台市の元ヤングケアラーの男性（31）を取り上げた。取材班が初めて記事にした当事者である。3面のレイアウトや見出しを作る編集者は、男性の過酷な半生に衝撃を受け、見出しを熟考していた。

「学校と介護の両立は無理だった」。その男性は中学3年から23歳まで、認知症の祖母を介護した。母子家庭で、母親が働いて家計を支え、男性が祖母の世話をしていた。祖母は連日深夜まで妄想や徘徊《はいかい》を繰り返し、男性は体調を崩してやむなく高校を退学した。

MAINICHI

毎日新聞

3月22日（日）
2020年（令和2年）

発行所：東京都千代田区一ツ橋1-1-1
〒100-8051　電話(03)3212-0321
毎日新聞東京本社

介護する子ども3.7万人
15～19歳　8割、通学中
本紙調査

通学や仕事をしながら家族を介護している15～19歳の子どもが、2017年時点で全国に推計3万7100人いることがわかった。毎日新聞が国の統計を独自に分析した。「介護する10代」の現状が全国規模で判明したのは初めて。うち1万2700人は週4日以上介護していた。こうした子どもはヤングケアラーと呼ばれ、負担が過度になれば心身や学校生活・進路に影響が出るとされる。支援を受けられず周囲から孤立する深刻なケースも目立つ。【向畑泰司、田中裕之】

3面に　CU クローズアップ

総務省の17年の就業構造基本調査は、家族を介護している15～29歳が全国に21万100人いると推計している。毎日新聞は公的統計を民間が応用することを認めた統計法34条に基づき、同調査のデータから10代だけを抽出・分類する「オーダーメード集計」を、独立行政法人・統計センター（東京都）に独自に委託した。

その結果、15～19歳の介護者は3万7100人。その約8割（3万700人）が通学しながら介護をしていた。このうち4900人は「通学が主で仕事もしている」と回答した。

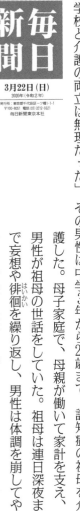

〈ひとり親家庭の増加などから、ヤングケアラーが介護の中心的な役割を担わされるケースは多い。〉

物忘れ程度だった祖母の症状は、男性の中学時代に悪化。高校に入ると「お金を盗まれた」「周りから悪口を言われる」と妄想が始まった。夜9時から午前2時ごろまで「デイサービスに行きたくない」と激高する祖母をなだめ、3時ごろに就

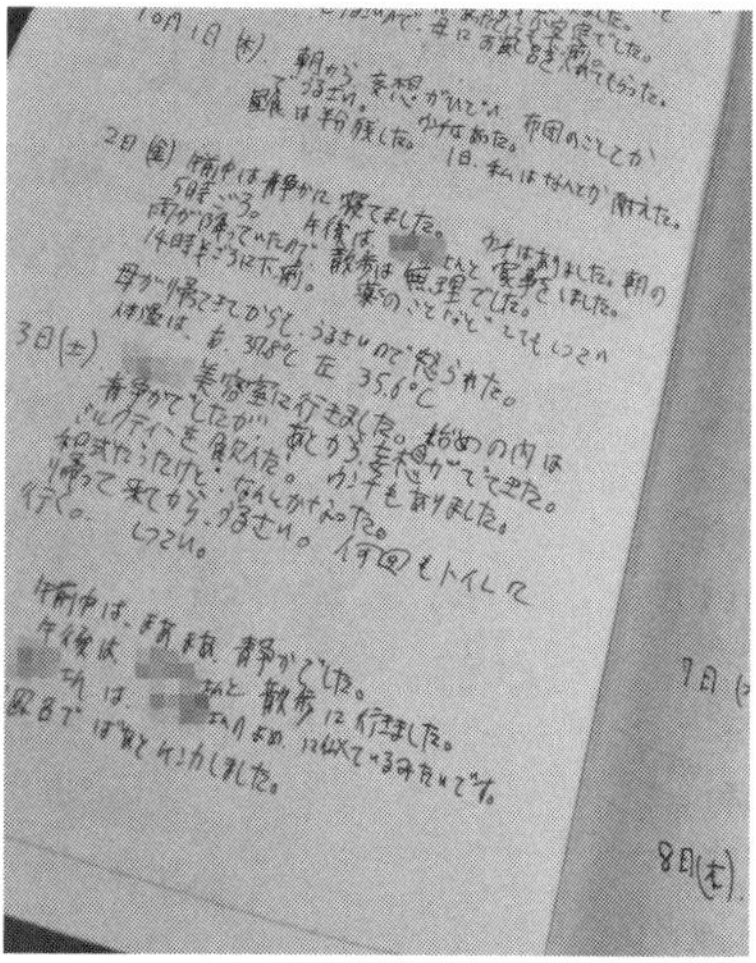

男性がつけていた介護の日記。祖母の容体や自身の心境が生々しくつづられている

寝。2時間おきのトイレにも付き添い、朝にくたくたでデイサービスへ送り出す日々が続いた。徘徊も始まり、目が離せなかった。祖母が喉に詰まらせないよう、朝夕は刻み食を作った。

〈通学するヤングケアラーは過度な負担から学業に支障をきたしかねない。周囲にもなかなか事情が伝わらず孤立しがちだ。〉

学校ではぼーっとして体が熱く、授業中の居眠りが続いた。「今思うと二日酔いみたいな感じ」。突発性難聴も起きた。自宅での勉強も難しく、試験の成績は180人の学年で入学時の50番台から、2年生になると160番台まで落ちた。

午後4時ごろにデイサービスから帰る祖母のため、放課後は急いで帰宅する。せっかく入った弓道部は休みがちに。クラスの話題についていこうと携帯で流行をチェックしたが、結局、同級生との付き合いを避けるようになった。

疲労困憊《こんぱい》した母子は祖母を施設に預けることも考えたが、ケアマネジャーに「3年待ちです」と言われて断念した。自転車で登校する間のわずか20分が、男性にとって穏やかな「至福の時間」だった。よく途中で数分、自転車を止めて街や空を眺めた。教師には家庭の事情を伝えていたのに、遅刻を注意された。

〈ヤングケアラーは進学や就職に影響が出る恐れがあるが、支援は進まない。日本ケアラー連盟の関係者は「いじめや虐待に比べて緊急性を低くみられがちだ」と指摘する。〉

男性が心身に限界を迎えたのは高校2年の2月。

朝起きようとすると全身が重くて動かない。何もする気にならず、学校に行けなくなった。休学して介護に専念すると、「友達と自分は住む世界が違う」と比べることがなくなり、イライラは楽になった。復学を目指したが、祖母の症状はさらに悪化。男性は1年後に退学した。制服など高校の物は全部捨てた。

2011年に91歳で亡くなる直前、祖母は男性の顔もわからなくなった。

「さよならのない別れっていうか……」

祖母の死後に始めた就職活動はぼろぼろだった。面接で「なぜ介護中に資格でも取らなかったのか」と言われて途方に暮れた。非正規の職を転々とし、コンビニの夜勤に加えて清掃会社で働く。かけがえのない10～20代の7年間を介護にささげることになり、自分の境遇を呪っても不思議はないが、彼は言った。

「母はシングルで働いていて、私は祖母に面倒を見てもらった。幼いころに手を引いてもらったから、今度は私が祖母の手を引く番でした」

独自集計の分析を補強する3面の識者インタビューは、成蹊大の澁谷智子に依頼した。

向畑が初めて澁谷の話を詳しく聞いたのは、前の年の12月1日、東京・本郷の東京大学医学部で開かれたシンポジウムだった。澁谷は「ヤングケアラーと自信」と題して講演し、会場になった大会議室は人であふれた。

日本の伝統的価値観に照らすと、家族の世話をする子どもたちは「えらい子」だとみられてしまう。その子どもがどれだけの負担を抱えて、どんな影響が出ているのかを踏み込んで考える視点を、この社会は持っていない。澁谷はそう説明し、ヤングケアラーによる介護《ケア》は「美談ではない」と訴えた。

その言葉と、4年前に聞いた元ヤングケアラー・朝田健太の「若者の介護は自己責任なのか？」という疑問が、向畑の頭の中でぴたりとはまった。澁谷の指摘は端的に本質を突いていた。ヤングケアラー問題を読者に訴える際には、この視点が欠かせないと確信できた。

就業構造基本調査のオーダーメード集計が出た後、向畑は澁谷に会いに行った。澁谷も結果を心待ちにしていた。インタビューの見出しには、澁谷の訴えがそのまま採用された。

「美談」ではない

記者　今回のオーダーメード集計の注目点は。

澁谷　重要になるのがヤングケアラーの「存在率」だ。12年よりも17年は存在率が上昇し、少子化で子ども人口が減る中、介護をする子の比率は上がっている。英国では11年の国勢調査から割り出した存在率（5～17歳）は2・1％とされている。日本でも介護だけでなく「ケア」を含めた広い概念で調査すれば数値がもっと上がるのではないか。

記者　ヤングケアラーのうち「通学中」が8割を超えた。学校生活にどんな影響があるのか。

澁谷　欠席や遅刻の増加が懸念される。授業に出られなかったり、勉強できる環境が自宅で確保できなかったりすれば、思うような成績が取れない。それが積み重なると、子ども自身が「自分は能力が低い」と自己評価するようになってしまう。家族の介護を優先し、進学や就職など人生の選択を狭めてしまう事例もある。

記者　ヤングケアラーを取り巻く環境の課題は。

澁谷　介護する子どもは「偉い子だ」と評価されることがある。家族が助け合うのは良いことだという価値観があり、当事者もそう思っているから介護を続けるし、現実から逃げない。ただ、その子がどれだけ負担を抱え、どんな影響が出ているかを踏み込んで考える感覚が、今の社会にはない。ヤングケアラーを「美談」で終わらせてはいけない。

記者 支援のあり方は。

澁谷 子どもに寄り添って話を聞く環境が必要だ。「介護のことは言いたくない」「言って何になるのか」と考える子は多い。教師や学校関係者らがその子の立場に立って聞き、状況を確認して支援につなげることが重要だ。英国はすでに国の主導で仕組み作りを始めている。教育と福祉など行政が連携し、子どもたちを社会で支えなければいけない。

澁谷と同じく国内研究の先駆者、大阪歯科大准教授の濱島淑恵がオーダーメード集計を高く評価したコメントは、1面に掲載された。

「10代の介護者の規模が判明したことは、社会に一定規模でヤングケアラーが存在することを示す上で大きな意義がある。一方、国の調査は介護の有無を調べているが、ヤングケアラーがケアをする対象や状況は多様で、当事者が『介護』と認識していない場合も多い。14歳以下が調査対象外であることも含めて、今回の数字は氷山の一角だ。実際の規模はもっと大きいと考えるべきで、社会全体で把握し支援する仕組み作りが必要だ」

ゲラ刷りが出たのと同じころ、記事は毎日新聞のニュースサイトに配信された。ヤフーニュース、LINEニュースなどにも転載された。

直後から、読者の体験や意見を募った特報部のメールアドレスに宛てて、反響のメールが押し寄せた。パソコンの受信音が止まず、20通、30通……とすごい速さでメールが積み上がった。しかも一通一通に込められた熱量は膨大で、短時間で書かれたとは思えない長文ばかりが並んだ。その中には、記事を読んで「つらいのは自分だけじゃなかったのか」と初めて気づいた元ヤングケアラーたちの「告白」も多く混じっていた。

想像以上の反響に、一仕事を終えて打ち上げ気分だった特報部の部屋は次第に静かになった。反響のFAXが吐き出されるピーッという甲高い電子音だけが部屋に響いた。「とんでもない扉を開けてしまったかもしれませんね」と向畑が言った。反響は翌日以降も止まなかった。


3月25日、新型コロナウイルスの感染拡大により、東京五輪とパラリンピックの1年延期が決まった。もう桜が舞う季節だった。

向畑は、異動先の大阪へと向かう新幹線の車内にいた。オーダーメード集計の報道より前に、4月から大阪社会部へ戻るよう辞令が出ていた。キャンペーン報道の最初の記事が載った後、大急ぎで東京の家を引き払った。相棒の田中や松尾とはこれまでを振り返る暇もなかった。

ただでさえ年度末は紙面が混み合う。加えてコロナ報道の渦中だったが、キャンペーンの発案者である向畑が異動する前に、最初の記事だけは載せたいと松尾が社内にかけあっていたことは後で聞いた。大阪では府警担当として事件取材に追われるだろう。松尾と田中に新幹線の中から「後を託します」とメールを送った。異動にこんなに心残りを感じるのは、入社して以来初めてだった。

キャンペーン報道は幸先のいいスタートを切ったものの、肝心のヤングケアラーをめぐる謎はまだ多い。

向畑と同様、成蹊大の澁谷も、オーダーメード集計でヤングケアラーがもっと多いと予想していたようだ。元になった総務省の就業構造基本調査は、そもそも14歳以下を対象にしていない。しかし自治体や研究者の調査によって、14歳以下の小中学生にも一定数のヤングケアラーがいるということがすでに確認されていた。もっと幼い世代のヤングケアラーがいるのではないか?

総務省の調査は「介護の有無」を尋ねていた。だが、子ども自身に「介護をしている」という自覚が乏しく、「介護なんてしていない」と回答していたら?

取材班のオーダーメード集計で、ヤングケアラーたちが行っている介護の頻度が判明した。しかし、いったいどんな内容の、どのくらい重い介護《ケア》を負担しているのか。総務省の調査はその点について質問していない。

さらに田中が懸念したように、調査が質問に用いた「介護」という言葉が、介護の範ちゅうを超える多様なケアを抱えた子どもたちに「我がこと」として受け止められていなかったら？

ヤングケアラーの実態はまだ霧に包まれていた。

中1の深夜、あてなき伴走

大阪・梅田。

JR大阪駅は、毎日85万の人々を飲み込んでは吐き出す玄関口だ。そこから西日本最大の繁華街へ足を一歩踏み出せば、巨大なデパートと洗練されたオフィスビル、雑多な飲食店などが熱気と混沌《こんとん》、そして不思議な調和を見せる。高層ビルの建設が相次ぎ、今も街は刻々と表情を変え続けている。

2011年1月の深夜。

その街を、母と子があてもなく彷徨《さまよ》っていた。

「どこに行くん?」

中学1年生の北川幸(仮名)は、母のミユキ(同)に連れられて歩いていた。母の目的地を幸は知らない。

デパート、銭湯、レストランとめぐった。ミユキはブツブツ独り言をつぶやきながら、同じ道を、行ったり来たりを繰り返している。ミユキの挙動に注がれる通行人の怪訝《けげん》そうな視線が、幸はたまらなく嫌いだった。

いつになったら帰るんやろ。どこに行くんやろ。早く帰りたいな――。

家に着くと午前0時を回っていた。明日は学校なのに。

「いつ終わるの？　こんな生活、もう限界や」

幸の胸は絶望でいっぱいだった。統合失調症を患った母なりの、娘とのコミュニケーションだったのかもしれないと思えるようになったのは、ずっと後のことだ。


幸は大阪市で生まれ、大阪で育った。

幼稚園の時に両親が別居し、母と2人で市内のマンションで暮らしていた。病気になる前のミユキは多趣味でお出かけ好き。幸の小学校のママさんバレーにもいそしんだ。幸にとって仲良しのミユキはひそかに自慢の母だった。

ところが、幸が小学校高学年になると、ミユキは家で寝込むことが多くなった。

はっきり違和感を覚えたのは幸が小学6年生の時だ。

ミユキが聞き取れないほどの小声で独り言を繰り返し、虚空をみつめて笑っている。呼んでも返事がない。自分の世界に入り込んでいるように見えた。

「お母さん、私を無視してるの？」そんなふうに戸惑う日が増えた。

統合失調症の知識なんて、まだ子どもの幸にはもちろん無い。2人暮らしの家には相談相手もいなかった。

幸が中学に入ると、ミユキの行動はさらに予測できないものになった。あんなに得意だった料理や洗濯、掃除をしなくなった。独り言はだんだん大声になってきた。幸が自分の部屋にいても聞こえてくるほどに。

全然理解できない母のつぶやきを聞きたくなかった。部屋に籠《こ》もって耳にイヤホンをつけ、ずっと音楽を聴いて独りで過ごした。

母に無視されているという感覚は強かったが、急に話しかけられることはあった。

幸が下校すると、「行くよ」と言ってスーパー銭湯やレストランに連れ出される。どこに行くかはいろいろで、到着するまでわからない。

本当は出かけたくなくても、怖い顔をしている母には逆らえなかった。そういえば昔から、ミユキは行きたい店やカフェを調べるのが得意だった。一応、事前にあたりをつけて向かっているようではあった。

行き先は梅田などの繁華街が多かったが、何もない郊外の時もあった。

ある日は、市営地下鉄の終着駅にある銭湯まで連れて行かれた。地元の人しか来ないよう

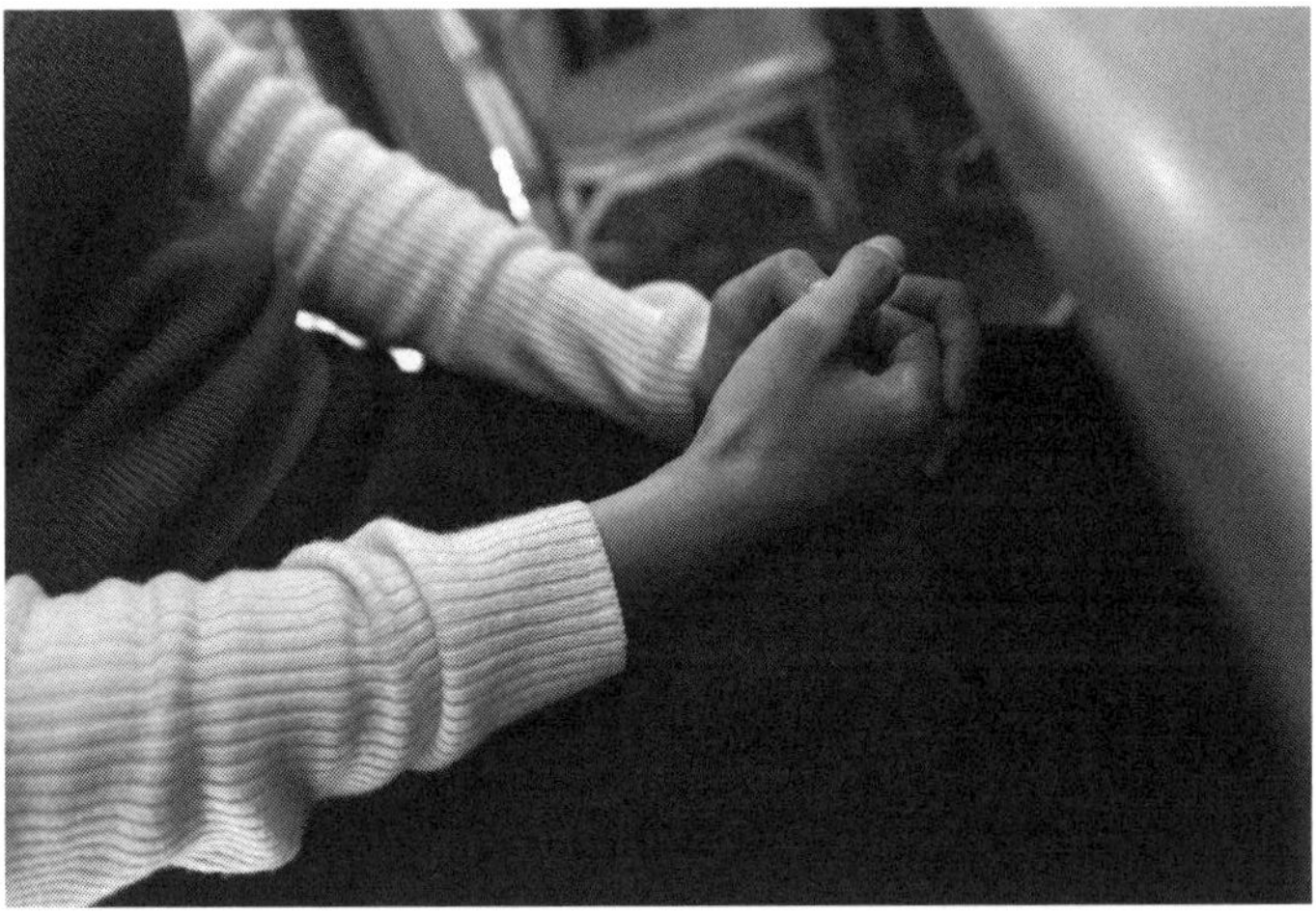

幸が母親によく連れて行かれたファミリーレストランで、一方的に注文されたのはステーキなど「がっつり系」が多かった。「今、母はだいぶ病状が良くなって、料理もできます」

な場所だ。その住宅街を1時間近く歩かされた。

ある日は、いきなりタクシーに乗せられた。ミユキに行き先を聞くと「和歌山」と一言。約200キロ離れた和歌山県串本町まで車を走らせた。着いても何をするわけでもなく、ずっと歩きどおしだった。幸は黙って、母は独り言を言いながら。

宿も予約しておらず、たまたま泊まれたことだけはラッキーだった。けれど、家族旅行みたいな楽しいことは何もなかった。

ミユキは、幸が自分の後ろを歩くのを極端に嫌がった。歩いていいのは前か横。常に母から見える所にいなければばならない。エスカレーターに乗る時も、いつも母の前に立たされた。それもまた、幸にはとてもストレスだった。

出先でレストランに入ると、ミユキは幸の食事を一方的に注文する。

「これを食べなさい」

気が滅入って食欲のない幸には、ただの苦行だ。それでも母が食べろと迫ってくるから、言うことを聞くしかなかった。

2人の帰宅はいつも深夜。それから幸は宿題と、母がしなくなった洗濯をした。ようやく布団に入ると午前4時ごろになっていた。

2人でスーパーに行く。会話がおぼつかない母に代わり、レジで店員とやりとりをするのは幸だ。ミユキはまるで買い物に依存するように、同じ商品を何個も買い込んだ。使いもしない雑貨や食品、そしてゴミが入った大きなポリ袋が家の廊下を占領していた。食事を作ってもらえない日、幸はそこからインスタント食品やお菓子を取り出して、空腹をしのいだ。服もミユキに強要された。決められたトレーナーやスエットを何日も着せられた。

荒れた家。洗っていない服。幸は2時間近く風呂に入っては、何かに取り憑《つ》かれたように体を洗った。思春期の少女に「汚い自分」は耐えがたかった。ミユキのふるまいが理解できなかった。

洗濯をしなくなったミユキだが、なぜか家の中のあらゆる物をアルコール消毒する癖があった。幸の制服にもその匂いがつく。「なんだかくさくない？」教室で誰かがそう言った。私やん、と焦ったが、クラスメートには気づかれず、ほっとした。そして母に怒りがわいてきた。勝手なことせんといて！

深夜の家事と長風呂のせいで、幸は常に睡眠不足だった。授業中の居眠りが増えた。勉強についていけなくなり、成績も下の方に落ちた。


親族の人たちが病院に行くように促しても、ミユキは「大丈夫」と頑なに拒んだ。なんでこんなふうになっちゃったんだろ、と思いつつも、幸は時間がたつうちに、人が変わった母との暮らしを、当たり前のものとして受け入れてしまっていた。

幸は子どもの頃から「しっかり者」とよく言われた。ミユキのことでも、周囲の大人たちは「頑張っているね」と幸に声をかけた。その言葉が嫌だった。

褒めてるつもりかもしれないけど……。全てそれで片付けられている気がしてイラッとし、悲しくもあった。

唯一、心が休まるのは学校だった。友達と談笑している間は、家のことを忘れられた。みんなの輪の中で、母ミユキについて話したことはほとんどない。「いきなり家族の悩みを言われても、友達だって困るよね」。学校だけは「明るい場所」にしたかった。自分の中の暗い部分は絶対に見せない、と決めていた。

ミユキによる束縛はしだいに増えた。

幸が一人でどこかへ出かけるのを、ミユキはとても嫌がった。朝、登校する準備をしていると、突然「今日は行かなくていい」と怖い顔で言われることが、月に何日かはあった。近くのコンビニに行くのに玄関のドアを開けただけで、ミユキが奥からすごい速さで走ってきて、怒ったように「どこ行くん?」と幸を問い詰めた。

だから、友達に遊びに行こうと誘われても、幸はいつも断った。

何度も誘ってくれる子もいて、申し訳ない思いがした。その子たちには少しだけ事情を話したこともある。

着たい服を着て自由に外出できる同世代がうらやましかった。「なんで私だけ」。ついにあるとき「部活があるから遅くなる」と母に嘘をつき、カラオケに行った。中学時代に友達と遊んだ思い出は、その一度きりだ。

学校から帰る時間が遅れただけで、ミユキは「どこ行ってたん?」ときつい調子で聞いてきた。ドラッグストアに立ち寄るのも一苦労。買い物袋で寄り道がばれないように、買った物をかばんに隠して持ち帰った。インフルエンザが流行した冬、クラスが学級閉鎖になって幸も高熱を出したが、ミユキは病院に行くことを許さなかった。

ただ、母は中学の行事にはちゃんと来てくれた。三者面談でも相変わらずブツブツ独り言を言っていた。幸は母に会話をかぶせて、その場をごまかすのに必死だった。

幸は学校の帰り道、近所で暮らす母方の祖母に公衆電話からこっそり電話をかけて、母のことを相談するようになった。孫を心配した祖母は、料理ができなくなったミユキの代わりに、幸にお弁当を作ってくれたりした。

幸からのSOSを、祖母が記録した手帳がある。

「2011年1月20日　3連休はデパート、天然温泉、食事に連れ回される。夜中の12時前まで」

「大変だった。独り言を言い、笑い、食事を強要する。それも大きな声で」

「2月24日　幸ちゃん学校を休む。担任の先生に学校を休ませないよう協力をお願いする」

さらに祖母のメモによると、幸が置かれた状況はこんなぐあいだった。

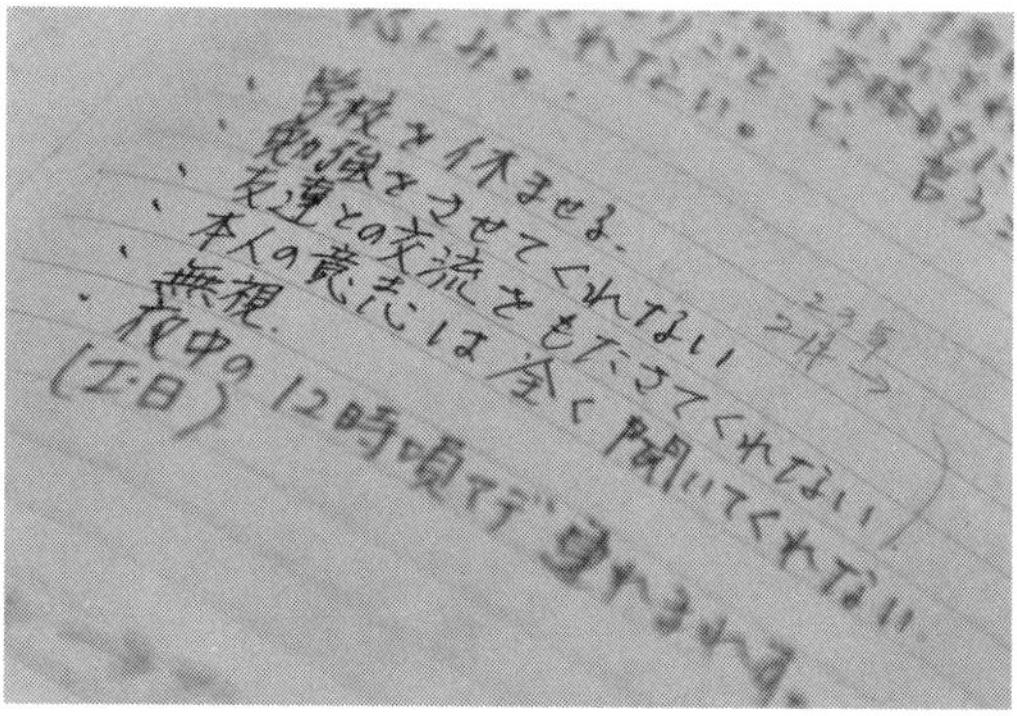

祖母の日記には「学校を休ませる」「勉強をさせてくれない」などと、当時の幸の母親の様子が記されていた

学校を休ませる／勉強させてくれない／友達と交流ももたせてくれない／本人の意志を全く聞いてくれない／無視／夜中の12時ごろまで連れ回す

２０１１年2月27日。幸はこの日の出来事を克明に覚えている。

深夜11時、いつものように連れてこられた梅田のファミリーレストランで、ミユキが勝手にステーキを注文した。幸は仕方なく食べたが、肉を口に運んでいると気分が悪くなった。吐き気がしてきた。

それでも目の前のミユキは「食べなさい」と強要した。

長いこと張り詰めていた、心の糸がその時プチッと切れた。

「もう無理。助けて」

母に隠れて携帯電話を操作し、別居している父と親族にメールを送った。すると父が迎えに来てくれた。怒って母に何か言っていた。

後日、祖母が区役所や児童相談所に相談をもちかけたが、「母親を入院させるべきだ」などと言うばかりで、何もしてくれなかった。それが難しいから相談してるのに、と幸は思った。

幸がたまらず「気持ち悪い」とミユキに言い放つ時もあって、そんな時は心が痛んだ。「お母さんが心を許しているのは私だけなのに」

仲良しだった母を思う気持ちと、拒絶したい気持ちが葛藤していた。

幸が中学を卒業する直前、親族が集まってミユキを入院させた。その日の朝、母方の親族が数人で家にやって来て、嫌がるミユキを車に連れ込むと、病院まで送った。力ずくで連れて行かれるミユキの姿を見るのがつらくて、幸はその時間は家を空けていた。「やっと離れられる」とほっとしたのも事実だった。

ミユキは「統合失調症」と診断された。幸はその時、初めて母の病名を知った。そしてその病気について、本を読んだりして勉強するようになった。

高校に入学した幸は祖母の家へ移り、自由を手に入れた。

勉強したり、部活をしたり、友達と遊んだりと、ようやく自分の時間が持てるようになった。ミユキは入退院を繰り返しながらも病状が改善してきて、また一緒に暮らせるようになった。幸は失った時間を取り戻すかのように勉強して、大学に合格した。

ある日、中学の卒業アルバムを見返していると、クラスで撮った写真の中の1枚に目が留まった。自分が写っていなかった。

「あ」

私、この日休んでたんや。

2020年の初頭から数回取材に応じてくれた幸に、こんな質問をした。

振り返って、その頃のお母さんのふるまいをどう思いますか？

「家事ができないから、外食や銭湯で、母親としての務めを果たそうとしたのかもしれないなと今は思います。『ちゃんとしないと』という気持ちが強い人だから」

幸はもう成人だ。好きに生きた方がいいよ、と友達は言う。しかし幸は「私とお母さんは2人でセット」という感覚が抜けない。

「母と何か話したいけど、別に話すことはない、みたいな。元々の関係が悪くなかったから。でもそこに母の病気が来て、引き裂かれたという感はあって。それがなかったら、割と普通の仲のいい親子だとは思うんですけど」

幸はいまだに、ファミリーレストランに行くと嫌な気持ちになる。他人と一緒に食事をするのも苦手だ。どうしてもあの時の自分を思い出してしまうから。

だが、恨んでいるわけでもない。

「今振り返ると、誰も悪くないし、防ぎようもなかったかなと思う。仕方なかったんや、と受け入れています」

20年春、大学院に進んだ幸は1人暮らしを始めた。実家を出るのは自分で決めた。母から離れることが、自分の将来や家族のあり方を考えるきっかけになると思ったからだ。

かつて母親に深夜連れ回された大阪・梅田の繁華街をみつめる幸。「どこに行くんやろ、いつ帰るんやろ、早く帰りたいなって、我慢していました」

時はコロナ禍。授業は1年近くオンラインでの対応が続いた。思い描いていた学生生活とは違うけど、アルバイトを始めて、恋愛もした。「最初は家の外に出ることに怖さもあったけど、

今はだいぶ慣れました」

大学院ではヤングケアラ

ーを研究している。

家族のケアから離れた後も、自分の心に影響を抱えている人は多いんじゃないか。孤立する人たちに焦点を当てて、その力になりたい。

第2章

孤立する子
「見るのがつらい」

コロナ禍の制約

「人と人の接触機会の7～8割削減を目指し、外出自粛《じしゅく》をお願いします。これは並大抵のことではありません。オフィスでの仕事は、原則、自宅で行っていただきたい。自分は感染者かもしれないという意識を持っていただきたい。人混みを避け、他の人と距離を保つ。飛沫《ひまつ》を飛ばさないようにマスクをつけるなどの行動をお願いします」

2020年4月7日、記者会見する首相、安倍晋三の顔に苦悩がにじんでいた。

新型コロナウイルスの感染が日本国内に拡大していた。政府はこの日、改正新型インフルエンザ等対策特別措置法に基づく初の緊急事態宣言を、東京・大阪など7都府県に発令した。安倍はソーシャルディスタンスやテレワークの徹底を国民に呼びかけた。

対象地域の知事たちは住民への外出自粛要請に加えて、学校、百貨店などの使用、イベントの制限・停止を要請・指示し、国民生活は大きな制約を受けることになった。4月16日には緊急事態宣言の対象が全国へ拡大された。

新型コロナは「人に会って話を聞く」という取材の基本も大きく変えた。毎日新聞社は4月17日、四つの取材方針を公表している。

①直接対面して取材する場合、マスクを着用したうえでソーシャルディスタンスの確保を心が

け、「3密」回避のため、できるだけ広いスペースで取材するよう努めます。

②緊急事態宣言では、人と人との接触の8割削減が目標になっています。電話、メール、メッセージアプリなどを活用した取材を今まで以上に行います。

③出社人数を絞るなど社としてテレワークを進めていますが、取材や新聞制作、ニュースサイト編成に支障をきたすことがないよう努め、「知る権利」の要請に応えます。

④この方針は緊急事態期間の終了後も事態の推移を見ながら、当面維持することにします。

読者の「知る権利」の追求と、取材活動によるコロナ感染拡大を防ぐことの両立は、車のアクセルとブレーキを同時に踏むのに似ていた。ベテランを含む多くの記者たちが、「取材相手となかなか会えない」状況に陥った。

ヤングケアラー取材班が所属する特別報道部も例外ではない。デスクの出社は交代制とし、部員は極力、在宅でテレワークをした。いわゆる「アポなし」の直撃や飲食を伴う取材、日中会うことが難しい取材対象の出勤・帰宅を待つ「夜討ち・朝駆け」は、いずれも「感染を広げかねない非常識な取材手法だ」とバッシングされる恐れがあった。

しかし、自宅で資料を読み、電話やオンラインだけで行う取材は、対面に比べるとやはり深さに限界がある。なんの気なしに交わした雑談から特ダネが生まれる経験は、記者の多くが持っているところだが、パソコン画面の向こうとのぎこちない会話ではそれもおぼつかない。当然、部内の空気は重かった。特にヤングケアラーは、介護や世話《ケア》の対象がコロナの重症化しやすい高齢者だったり、持病があったりする場合も多い。取材班はよけいに神経質にならざるを得ず、取材先を広げることも難しかった。

自宅でテレワークの日々を続けていた田中裕之は、その春に取材班を離れた向畑泰司からのメールを歯がゆい思いで読み返した。

「これからは田中君の企画なので、煮るなり焼くなり好きにしてください。僕にできることは何でもやります」

緊急事態宣言が発令される前、向畑と田中はキャンペーン報道の紙面展開を打ち合わせた。デスクの松尾良がそれをまとめた企画案も編集局内に配っていた。しかし4月に入ると、毎日新聞を含む各社の紙面はさらに新型コロナのニュース一色になり、コロナの取材に関わらない取材班の記事が掲載されるチャンスはほとんどなかった。頼みの綱のニュースサイトでは、3月24日から元ヤングケアラーたちの半生を描いた連載5回を配信したが、やはり膨大なコロナ関連ニュースの大波に埋没した。

そんな4月中旬。自宅の田中に松尾から電話があった。

「5月5日のこどもの日、ヤングケアラーで特集面を作ることになった」

田中は「やりましょう」と即座に答えた。ようやく、の感があった。ゴールデンウイーク中の紙面にたまたま空きがあり、見開き2ページの特集を作ることが編集局内で決まった。3月に読者から寄せられた反響のメールや手紙を中心に据えることにした。松尾は、向畑と入れ替わりで春から取材班に加わった山田奈緒にも、執筆を指示した。

山田が取材班に参加するまでにはちょっとした紆余曲折《うよきょくせつ》がある。最初の伏線は、山田の公私両面の知人であるヤングケアラー支援者を田中が取材したことだ。取材班の発足から間もない19年12月4日、田中は東京・北千住の喫茶店で「ケアラーアクションネットワーク」（CAN）の代表理事、持田恭子に会った。CANは障害者のきょうだい（兄弟姉妹）の集いを開いてきた支援団体だ。持田自身も、ダウン症で知的障害のある2歳上の兄がいる。

一通り取材を終えた田中に、持田が尋ねた。

「毎日新聞の山田奈緒さんとも会いましたが、一緒の取材ですか？」

田中はびっくりした。当時、山田のことは同じ東京本社の社会部の記者、ということくらいしか知らなかった。「恥ずかしながらわかりません。別のはずです」。その後、田中は初めて山田に連絡を取った。12月18日に東京本社近くのホテルのラウンジで会うことになった。

山田は、知的障害や難聴、精神疾患を患う姉と暮らしている、と田中に話した。共通の知人から持田を紹介され、お互いの家庭環境について話をする仲だった。翌年、毎日新聞の東京都内版にCANを紹介する記事も書いている。

「ヤングケアラーの記事を1面で書きたいと思ってます。意見を聴かせてもらえませんか」

田中は、記者と介護者双方の立場を知る山田に助言を求めた。

「ステレオタイプの悲劇として扱うのではなく、毎日新聞として何がしたいのかを整理して、世の中に訴えた方がいいと思います」

後輩の田中にも敬語で接する山田は、当初、ヤングケアラー報道の意義には半信半疑だった。子どもの気持ちを無視して「かわいそうな子」だとばかり強調するような、手垢《てあか》のついた記事を書くことは避けたい。耳慣れないヤングケアラーという用語に抵抗もあった。「私はどうしても主観が入ってしまうから、ヤングケアラーの記事は書けませんね」。その時は田中に言った。

しかし、偶然が続いた。山田は翌20年4月の人事異動で、田中と同じ特報部への異動を内示されたのだ。

田中は山田をランチに誘うと、キャンペーン報道の計画を説明して「取材班に入ってほしい」と頼んだ。20年3月23日、東京本社の地下にある居酒屋で打ち合わせが行われた。その場でデスクの松尾からも打診があった。

山田は最終的に「やります」と応じた。

反響を追って

毎日新聞は3月22日付の朝刊で、家族の介護や世話をしている15〜19歳のヤングケアラーが推計3万7100人に上るというオーダーメード集計の結果を報じた。電子メールや手紙、FAXなどで多くの意見が寄せられた。そこには「自分もそうだった」という声や、深刻な介護の現実、家族や専門家を含めた苦悩がつづられていた。

田中はそうした反響の中から、若年性認知症の母を介護した体験を実名で投稿した28歳の井上《いのうえ》耀仁《あきひと》にインタビューを申し込んだ。新型コロナ対策として、不慣れながらもテレビ会議システムのZoom（ズーム）を使うことになった。「私の体験談が役立つなら、これほどありがたいことはありません」と井上は快諾した。

パソコンの画面越しの井上は、母を介護した時のことを振り返った。

「当時はヤングケアラーという言葉もコミュニティーも存在しませんでした。学業の傍《かたわ》ら、母のおかしくなってゆく姿を受け止めきれず、メンタルの調子を崩したことも一度や二度ではありません」

井上が中学1年生だった04年、当時47歳の母圭子に物忘れが多くなったのが、ことのはじまりだ。家族は「更年期障害だろう」と思っていた。06年、父陽之亮《ようのすけ》が川崎市の自宅から神戸へ単身赴任し、井上は半年間、母と2人で暮らした。

圭子は物忘れだけでなく、スケジュールを覚えられなかったり、道に迷ったりもするようになっていた。物忘れなどをして落ち込む母を、井上は「大丈夫だよ。一時的なものだから」と何度も励ました。

その頃の圭子は日本語講師の仕事をしていた。生徒と会う約束をして、3～4日も前から、その場所に連日出かけては「いなかった」ととぼとぼ帰ってきた。圭子はそのうちに「私がやってることは正しいの？」とふさぎ込んだ。それ以外にも、井上が「おかしい」と感じる行動が増えた。神戸の父が圭子を引き取ることになり、井上は祖母の家へ預けられた。

数週間ごとにしか会えなくなった母は、会う度に症状がどんどん悪化していた。「そのうち治るだろう」と思っていた井上は心のよりどころを失った。精神的に追い詰められた井上は、パニック障害や自律神経失調症を発症し、大学受験もいったん断念した。

取材中、井上が「きょう一番お伝えしたかった」と強調したエピソードがある。12年に両親と3人で出かけた温泉旅行でのことだ。

圭子は旅先でも意味不明な言葉をしきりに口にした。たまりかねた井上が怒鳴った。

「何やってんだ。いいかげんにしろよ」

父は沈黙し、その視線は井上に向いた。「いいかげんに気づけ」と言いたげだった。若年性認知症になった妻への諦めと、息子にもそれを理解してほしい、と父の目が語っていた。もう治らないんだ。そう悟った瞬間、井上は号泣した。4〜5時間は泣いただろうか。その「一生分の涙」が、全てを受け入れて前向きになる契機になった。

井上は、次第に体が不自由になっていく圭子の食事や歩行の介助をした。それでも父や祖父母がいたので「完全に孤立したヤングケアラーではなかった」と井上は話した。

17年11月、圭子は肺疾患のため亡くなった。その後、井上は米国の大学を卒業して就職した。今は、若年性認知症の親を持つ当事者の団体にも参加している。

井上が最初に取材班へ送ったのはこんなメールだ。

「現在は就職もでき、日常生活を送れてはおりますが、世には、こんな私を幸福に思えるほどに、追い詰められているヤングケアラーが数多くおります。（中略）少子高齢化が進み、親の介護が社会問題として浮かび上がっておりますが、ヤングケアラーを取り上げたマスメディアの記事はなかなか見かけません。ぜひ、スポットの当てられない社会福祉問題の一環として深掘りし、本質を追求していただければ、経験者の一人として幸甚です」

井上以外の元ヤングケアラーからも、熱のこもった長文の投稿が取材班に数多く寄せられていた。小中学生時代の家族介護の体験や、周囲に全く打ち明けられなかったこと、今も将来を悲観する声など、その内容は深刻なものだった。投稿者に改めて取材をする場合には、新型コロナウイルスの感染防止策として全てズームや電話、メールを使った。

三重県の女性（33）は、水頭症を抱える1歳下の妹と、老人性うつ病の祖母の介護に追われた10代の過去を明かしていた。両親も病気だったため頼ることができず、その女性は妹の食事や入浴、着替えの介助をしながら中学に通ったという。その頃は「どうやったら自分が苦しまずに死ねるか考える日々」だったが、「友達との触れあいや、頑張った分、成果が見える勉強に気持ちを分散できたから今がある」と記した。

福岡県のある男性（35）は、父が脳性まひ、母がポリオ（小児まひ）で、姉にも難病の疾患があった。物心がつく前から家事の手伝いなどをしてきた男性は、学業と介護の両立に苦しんで不安障害を発症した。「両親を見続けることは本当につらい。このような家族がいることを世の中に知ってもらえたら」と吐露《とろ》した。

家族に介護を受けた側の投稿もあった。「下半身まひの車椅子ユーザー」の読者は、中学生の娘2人に入浴を手伝ってもらった時期に「彼女たちの時間を奪っている罪悪感」に悩んでいたという。「家族の手が負担という認識はなぜ生まれてしまうのでしょうか？」と悲しみを記した。

小学3～5年生の時に認知症の祖父母を介護し、その間に不登校と保健室登校を繰り返していたという女性は「記事やSNSでヤングケアラーを取り上げてもらい、非常にうれしい」と取材班にエールを送った。大学に進んだその女性は、かつての自分の経験を基に、ヤングケアラーの支援に関する卒業論文を執筆しているという。

誰にも家族介護のことを相談できず、学校などで孤立した経験を持つ投稿者がいた。介護の状況に合わせた支援サービスなどの情報を提供することや、学校教育で子どもたちへの啓発と理解を深めてもらうこと、さらに当事者が悩みを共有して助け合える「場」の必要性を訴える意見もあった。小学3年の時、父が脳梗塞《のうこうそく》から全盲と高次脳機能障害になったという50歳の女性は、母・弟と共に父の介護に追われた過去を明かした。「追い詰められた家庭は、支援サービスについて調べる余裕はない。学校や病院、ケアマネジャーなどがもっと情報を提示してほしい」と訴えた。

ある女性は14歳の時に父が失明し、介護や家事を手伝ったという。成人した後の経験も踏まえて「介護は日ごろの情報収集や人脈作りが大切だが、若い人にこんなことができるだろうか」と心配していた。そして「小学校高学年から、生命保険の仕組みや助け合いの大切さ、介護を必要としている人の現状を学べる時間を作って」と教育の充実を求めた。

別の女性(28)は19歳から25歳まで多発性骨髄腫を患った母を介護した。その間、要介護の親を持つ友人に励まされたという。「友人がいなければ、私の精神状態はもっと疲弊していた」と明かし、当事者が孤立を避けるために「悩みを共有する」ことの重要性を強調した。女性は「寄り添いたい一心」でブログを書いたが、読者になってくれるのは「40、50代や福祉関係者が多く、ヤングケアラーにはなかなか届かずモヤモヤしていた」という。大人になった元ヤングケアラーが、自身の体験を警鐘《けいしょう》として若い世代へ届けようにも、なかなか子どもたちに関心を持ってもらえないという現実があった。

反響はヤングケアラーの家族、福祉・教育関係者からも届いていた。介護に伴う子どもの心身の負担を思いやる意見や、取材班の今後の報道に期待する声の一方で、ヤングケアラーの介護の負担について思い悩む親が少なくないことがうかがえた。

交通事故で寝たきりの夫がいる女性は、小学生から高校生までの子どもが介護を手伝っていると明かして、「家族だんらんは子どもたちの努力と我慢で成り立っている」と記していた。

重度の知的障害児を育てている別の女性は「幼い他の子どもたちに世話の手伝いなどさせたくない」と本音を打ち明けた。

染色体異常の病気の次女など3児の母である大阪市の女性(43)はこう考えていた。『ヤングケアラー=かわいそう』ではない。寄り添ってくれる理解者や協力者がいれば、多様な考え方や経験ができる喜びもある」。次女の着替えや入浴など、さまざまな介護を手伝うきょうだいたちは、同世代が集う家族会に参加したり、支援者と交流したりしてきたという。女性は「次女がいるからこそ恵まれた出会いがあった」とつづった。ヤングケアラーの負担が大きくなるかそうでないかは、周囲の人間関係が大きな影響を与えるのかもしれない。

アルコール依存症の講義を受けたことをきっかけに「母はアルコール依存だ」と初めて気づいた学生のエピソードが、大学で非常勤講師を務める女性から寄せられた。その学生は小学生の頃から、泥酔して仕事から帰ってきたり、時には失禁したりする母の面倒をみていたようだったという。その学生を見て、女性は「依存症や認知症の知識がなく、介護に追われる子が他にもいるのでは？」と不安になったそうだ。

中部地方でスクールソーシャルワーカーをしている50代の女性は「介護のために不登校になるなど、子どもの学ぶ権利が奪われていても、教育現場や行政は、親の手伝いをする『良い子』との認識で終わらせてしまう」ともどかしがっていた。そして「子どもの権利擁護の観点を大切に、啓発を続けてほしい」と取材班の報道に期待した。

精神障害者の家族会の活動を通じて、ヤングケアラーと接してきた東京都の女性（72）はこう話した。「教育と福祉が断絶している。介護が関係していそうな子どもの異変に気づいたなら、学校が福祉や医療の専門家と連携して対応できる仕組みが必要です」

これらの反響は、5月5日付朝刊で見開き2ページの特集として掲載された。社内で「トッパン」と呼ばれる大見出しがついた。

〝家族のため、子に重く　支援や啓発、求める声〟

取材班にとって久しぶりに紙面を飾った記事だった。ヤングケアラー報道に対する反響の多さについて、大阪歯科大の濱島淑恵が再びコメントを寄せた。

「ヤングケアラー経験者が多くの意見や体験を寄せたのは、家族や介護の状況を安心して話せる場が社会に少なく、自分たちの問題が理解されることに期待したからではないか。彼らがいかに孤立しているかを改めて感じた。私の調査では、家族のケアで生活に悪影響が出ているという自覚のない人は多く、記事を読んで『自分もヤングケアラーだったのか』と気づいた人もいると思う。子どもの権利が守られない状況は『お手伝いをする良い子』では済まされない。新型コロナウイルスの感染拡大に伴う休校や外出自粛で、ヤングケアラーは孤立を深めているとみられ、非常に心配している」

反響特集から20日後の20年5月25日、緊急事態宣言はようやく全て解除された。

谷村純一、北川幸（いずれも仮名）ら元ヤングケアラー5人の半生を取り上げた連載が、6月23日～27日の朝刊に掲載された。ニュースサイト「毎日新聞デジタル」から遅れること3カ月。初めて直面したウイルスの恐怖から、日本国内は冷静さを取り戻しつつあり、新型コロナ以外のニュースも徐々に扱われるようになった。

8月には、7年8カ月にわたって政界で「1強」とうたわれた安倍が、体調悪化を理由に首相辞任を表明した。新型コロナの対応が迷走しており、関係者の間では「ストレスが持病を再発させたのではないか」ともささやかれた。その後、安倍政権で官房長官を務めた菅義偉が、9月に首相の座を引き継いだ。感染の再拡大により、政府が翌年初めに2回目の緊急事態宣言、さらに4月と7月にも宣言発令へと追い込まれることはまだ誰も知らなかった。

一方、政府によるヤングケアラーの実態解明や支援の動きは鈍かった。

19年3月の参院予算委員会で、家族を介護する人々を支援する必要性について、薬師寺道代参院議員（無所属）が質問した。当時の安倍の答弁はなんとも平板だった。

「介護を必要とされる方や、その家族などについて社会全体で支えることは重要です。家族介護者への支援については、社会全体で要介護者とその家族を支えていく機運の醸成を図るとともに、それに向けてどういった対応が考えられるか、よく研究させてみたい」

一見すると前向きなようだが、官僚が作成した「官僚答弁」であろうことを考慮すれば、ただちに支援に乗り出すつもりはないという裏の意味が浮かぶ。

牧山弘恵参院議員（立憲民主党）の質問主意書に対して、20年2月に政府が閣議決定した答弁書は「調査研究の結果を踏まえ、必要な取り組みを進めていく」と素っ気なかった。

新型コロナ禍のさなか、取材班に新たに加わった山田は、自身が関心を寄せる分野の取材を始めていた。精神障害の家族がいるヤングケアラーについてだ。家族のケア、というと社会のイメージは車いすを押す、トイレの介助をするといった「身体介護」がどうしても先行する。向畑や田中の取材メモを読んだ山田は、やはり身体介護への偏りを感じた。

とはいえ、緊急事態宣言中にできることは限られる。電話やオンラインで取材に対応してくれる研究者や民間の支援団体などと連絡をとった。その一つが、さいたま市のNPO法人「ぷるすあるは」だ。この団体は、精神障害者の家族サポートにつながる情報を積極的に発信していた。特にそうした情報を「子どもに伝える」取り組みに力を注いでいる点が、この時点では全国的にとても珍しかった。

「ぷるすあるは」は、コロナ禍で家を出られない子どもたちがさらにストレスをためこむことを懸念して、ウェブ上に特集ページを開設していた。山田が書いたその紹介記事が4月25日に毎日デジタルに掲載された。特集ページは心身の負担を和らげるヒントとして、「自分にたくさんやさしいことばをかける」「ストレスになっていること、解消法を書き出してみる」「だれかとつながる」――など18項目を挙げている。視覚的なイラストで子どもにわかりやすいよう工夫し、散歩や公園に出かけるなど、障害を持つ家族と離れる時間を持つことの大切さを呼びかけていた。

専門家たちへの取材を通じて今後への手がかりも得られた。医療関係者やスクールソーシャルワーカー、養護教諭（学校の保健室の先生）らも、ヤングケアラーの発見・支援の鍵を握るのではないか。

取材班のヤングケアラーキャンペーンはほそぼそと続いていた。この時期は追随するメディアもまだ少なく、なかば「一人旅」のような心境にあった。

そして5月の反響特集から3カ月も後の20年8月11日、取材班による久しぶりの調査報道が毎日新聞の朝刊1面トップに掲載された。

〝「介護担う子、いた」16％　ケアマネ全国調査〟

「ケアマネ」とはケアマネジャー（介護支援専門員）の略である。介護が必要な人や家族から相談を受けて、介護保険を使ったサービスの利用計画（ケアプラン）を作成する専門職だ。00年から始まった介護保険制度に伴って導入され、全国の有資格者は19年度時点で約70万８００

0人。実際に業務に従事している人は、17年時点で全国に19万7230人もいる。ケアマネは利用者と毎月面接することを義務づけられ、担当家庭の状況、特に子どもが介護に関わる様子を知っている可能性が高かった。

取材班は、介護・ヘルスケア事業を手がけるインターネットインフィニティー社（東京都品川区）と共同で、ヤングケアラーのいる家庭を担当したことがあるかどうか、全国のケアマネたちに広くアンケート調査を行った。つまり、反応の鈍い政府に代わって、ケアマネを通じてヤングケアラーの全国規模や実態を調べようという試みである。

その結果、16・5%が「大人並みに介護を担う子ども」のいる家庭を担当した経験があると回答した。

案の定と言うべきか、そうした子どもたちに学業・心身の不調などの悪影響が出ている、と多くのケアマネが指摘した。「支援態勢が不十分だ」という訴えは実に全体の96・4%を占めた。

インフィニティー社はケアマネ向けのウェブサイト「ケアマネジメント・オンライン」を運営している。ケアマネの登録会員は約9万2000人。調査は20年6月5～15日の間、サイトを通じて取材班が作成した質問票を示し、会員に答えてもらう形式を採った。

回答した1303人のうち、16・5%にあたる215人は、ヤングケアラーのいる家庭を担当した経験があった。大見出しになったのは全体のこの数字である。

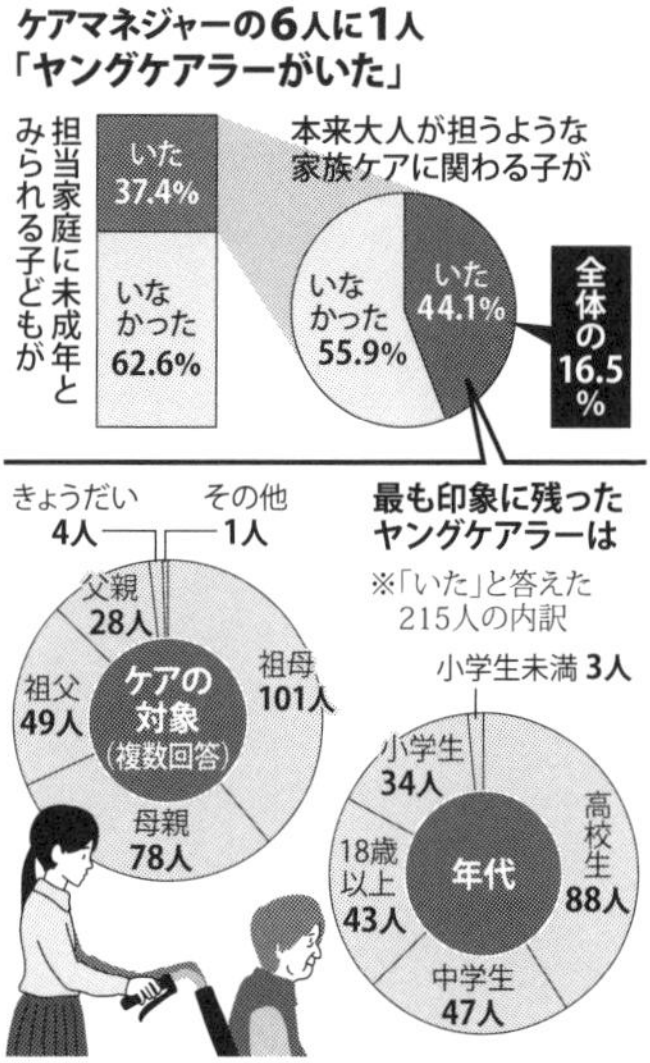

さらに「最も印象に残った子ども1人」に絞って詳しく尋ねたところ、ヤングケアラーの子どもの性別の割合は女6に対して男4と女子がやや多かった。年代では「高校生」と答えたケアマネが88人で最も多く、中学生47人、18歳以上43人、小学生34人の順だった。「小学生未満」という驚くべき回答も3人だが存在した。

その子がケアをしている対象の家族（複数回答）は、「祖母」という回答が半数近い101人。母親が78人、祖父が49人、父親が28人と続いていた。介護対象として祖父母が目立ったのは、ケアマネの職業上、そもそも65歳以上がいる世帯を担当することが多いからだろうと取材班はみていた。

子どもがケアをしている理由（複数回答）は「親の病気や入院、障害、精神疾患」が76人で最多だった。「親が仕事で家族のケアに十分に携われない」67人のほか、「他にする人がいなかった」62人、「ひとり親家庭」45人——などがあった。「父親が仕事で不在、母親が精神疾患」という子どもがいると記述したケアマネもおり、家庭環境がヤングケアラーを生み出す大きな要因の一つであることは間違いなさそうだった。

ケアの内容（複数回答）では、家事（料理、掃除、洗濯など）１３１人がトップだった。身の回りの世話（食事や着替え、移動介助など）、「生活の買い物、家の中の修理、重い物を運ぶ」もそれぞれ１００人を超えた。

ここでのポイントは、「本来なら大人が担うような家族のケア」に関わる子どもについて質問している点にある。家族介護者を支援する一般社団法人・日本ケアラー連盟は、ヤングケアラーを「大人が担うようなケア責任を引き受けている子ども」だと定義する。「家事なんて、たかが家のお手伝いじゃないか」とあまり問題視しない読者もいるのではないか、と取材班は予想していた。しかし今回のケアマネ調査は、単なる「お手伝い」のレベルを超える重い

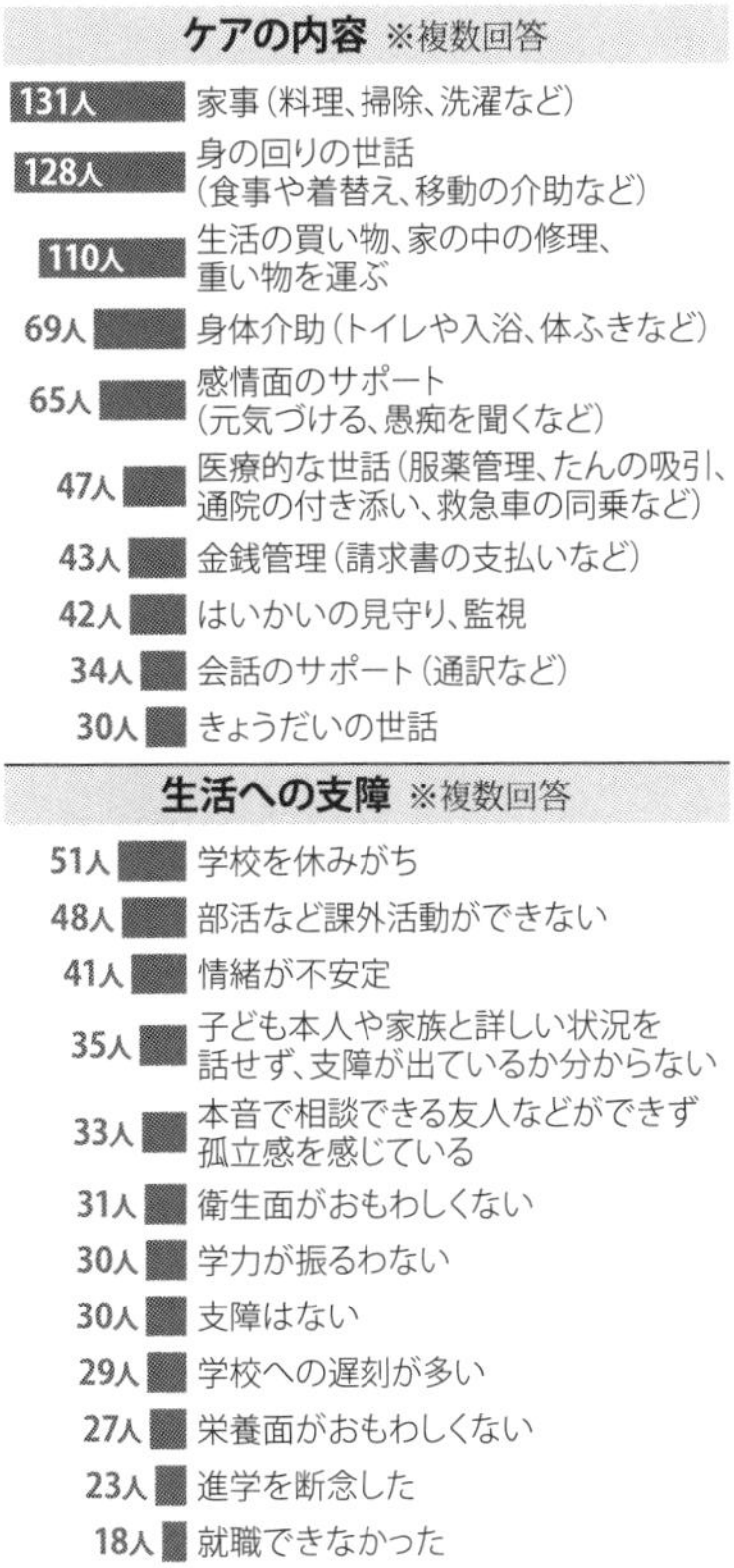

負担がかかっている子どもに限定して、この結果なのだった。

さらに身体介助、感情面のサポート、たんの吸引などの医療的な世話、徘徊《はいかい》の見守りなど、より本格的な介護をしていた子どもも、それぞれ数十人ずついた。ある60代の女性ケアマネは、最重度である要介護5の祖父を介護している子どもが「おむつ交換時の手伝いから体位交換、入浴介助まで、ありとあらゆる介護をしていた」と明かした。

子どもの生活の支障（複数回答）は多岐にわたった。学業面では「学校を休みがち」51人、「課外活動ができない」48人、「学力が振るわない」30人などが挙げられた。「情緒が不安定」は41人、「孤立感を感じている」が33人、「衛生面がおもわしくない」31人、「栄養面がおもわしくない」27人と、心身の不調に関する言及も目立った。

大人になった後の人生を左右しかねない、深刻な事態も起きていた。「進学を断念した」が23人、「就職できなかった」は18人。40代のある男性ケアマネは「学業の機会を失うことはもちろん、友人と付き合いがないまま大人になり社会から孤立」する子どもへの懸念を記した。「介護卒業後は手元に何も残らない」と嘆いていた。

新型コロナの感染拡大による影響については、ヤングケアラー家庭の担当経験の有無を問わず、回答者のケアマネ全員に尋ねた（複数回答）。「ケアによる疲労・ストレスの増加」が82・5％、「家族でイライラしたりぶつかったりすることが増える」は72・2％、休校や外出自粛で孤立を深める」は71・1％に上った。

ケアマネ調査のアイデアを出したのは、20年春に取材班を抜けた向畑泰司である。向畑は２０１６年、彼がヤングケアラーを知るきっかけになった連載「介護家族」の取材を通じて、ケアマネへの全国調査をした経験を持つ（ヤングケアラーに限定した内容ではなく、調査結果は16年２月に大阪で毎日新聞の１面を飾った）。その調査に協力してくれたのがインフィニティー社だった。

20年１月31日、ヤングケアラー取材班として活動していた向畑は、相棒の田中裕之を連れて、ＪＲ大崎駅前にあるインフィニティー社を訪問した。同社のウェブサイト会員のケアマネを対象に、今度はヤングケアラーに関する共同調査をしませんか、と提案した。ノートにペンを走らせて熱心に聴き入っていた同社サイト編集部の多朶《ただ》正芳は「やってみましょう」と快く応じた。向畑は春に取材班から外れることが予想されていたので、ケアマネ調査の事務は田中が担当することになった。

ヤングケアラーの実態調査は先例が少ない。厚生労働省は19年４月、児童虐待などに対処する全国市町村の「要保護児童対策地域協議会」に対して行った調査結果を発表した。しかし子どもと接する現場である各協議会のうち、ヤングケアラーの概念を認識していたのは27・６％

と、3割に満たなかった。行政にも問題意識が乏しかったため、取材班は、新聞社の常とう手段である自治体へのアンケート調査を選択肢から早々に除外していた。

一方、ケアマネ調査の参考になりそうだったのは、日本ケアラー連盟が教員を対象に行った新潟県南魚沼市(15年)、神奈川県藤沢市(16年)での二つの調査だ。「ヤングケアラーだと感じる児童・生徒に関わったことがある」と答えた教員が南魚沼市で25・1%、藤沢市で48・6%いた。ケアマネ調査の質問票はこれらの調査をベースにした。さらに成蹊大の澁谷《しぶや》智子に調査の監修を依頼した。

澁谷がどうしてヤングケアラーに関心を抱いたのかは、彼女の著書『ヤングケアラー 介護を担う子ども・若者の現実』(中公新書)に記述がある。

「著者も、ヤングケアラーに関心を持つようになった背景には、育児に追われながら職を得ようともがいた時期と『ヤングケアラー』という言葉を知った時期が同じであったことが効いている。仕事の先行きが見えず、家庭も平穏ではなかった頃の不安定さが、ヤングケアラーへの共感につながった」

当時の澁谷は、2人の子どもを育てながら大学の非常勤講師をしていた。早朝にメールをチェックし、子どもの朝食作りや身支度などに追われて出勤。週の半分は夕食に間に合うように帰宅し、料理や洗濯、子どもの入浴などをこなした。子どもを寝かしつけた後、夜中にパソコンで仕事をし、体調を崩すこともあった。論文の数や研究会への参加も減っていた。「家族と仕事。両方とも大切なもので、しかも、大切なのに、どちらも時々負担として感じてしまいそうになるのが苦しかった」と心境をつづっている。

澁谷はこの時期に、英国のヤングケアラーの体験談集を読んだ。家族を大切にしたい気持ちと、自分の将来への不安の間で引き裂かれる姿が、他人事と思えなかったという。

田中もまた「子育て記者」だ。政治部から特別報道部へ異動した19年4月から、共働きの妻に代わって長男の育児を担当している。毎日の保育園への送迎や食事の支度、入浴、寝かしつけに追われ、仕事に使える時間は半分に減った。記事を書くことと子育ての両立に葛藤する身だった。もちろん澁谷も指摘するように介護と育児は違う。それでも、未成年のヤングケアラーは体力、精神力、社会経験、知識、人脈が大人より乏しいだけに、家族ケアの負担が一層重いものであろうことは想像に難くなかった。

澁谷の助言を受けつつ、田中はケアマネ向けの質問票を作った。ケアマネを対象にしたヤングケアラーの全国調査は見たことがない、とも澁谷は言った。民間を含むあらゆる調査を網羅するのは難しいが、専門家の澁谷が知らない以上、これが初めての全国調査になるとみてよかった（そうした位置づけは記事の価値を一段上げる）。

ケアマネ調査は、インフィニティー社が運営する「ケアマネジメント・オンライン」上で20年3月中旬〜4月上旬に実施した。しかしその後、緊急事態宣言が全国に発令されたため、新型コロナの影響についての質問を追加して、6月に調査をやり直した。調査の発案者である向畑はすでに異動後で、メールや電話などのやりとりで田中と新たに加わった山田奈緒に助言する立場になっていた。

6月15日、サイト編集部の多哭から、田中にケアマネ調査の結果がメールで送られてきた。添付された電子データの画面をスクロールしていた田中は、ヤングケアラー家庭の担当経験のあるケアマネが全体の「16・5％」という数字を見つけ、メールで取材班の面々に報告した。ケアマネの6人に1人、という数字は説得力を持つ。デスクの松尾良から「十分使えますね」と返信があった。

田中と山田は澁谷にも結果を伝え、6月29日にオンラインインタビューをした。

「『大人が担うようなケアをする子ども』に限定しても、介護に詳しいケアマネの16％という結果は、驚きですね」

澁谷は、介護のプロによる回答をそう評価した。

「ヤングケアラーの調査は『誰に聞くか』によって、何がどう出るかが変わるんですよ。学校の先生は子どもの学校生活に気になる点がある、と気づくことはできます。でも、それがどういう理由なのかはわかりません。ヤングケアラーのケアを知った上でその影響を語れるのは、先生よりもケアマネだと感じました」

澁谷は日本ケアラー連盟による南魚沼、藤沢両市の調査にも関わっていた。二つの調査の対象だった教員たちは、学校にいる間の子どもの様子には詳しいが、帰宅後の生活まではなかなか把握しにくい。他方、家族介護に深く関わるケアマネは、その家庭の実情を詳しく知っている。子どもがどんなケアをしているのか、そしてその影響を、ケアマネが子ども本人や家族から直接聞ける立場だからこそ、澁谷は今回の調査結果を重視していた。

ケアマネたちの苦悩

ケアマネ調査に設けた自由記述の欄には、ヤングケアラーの苦闘を目の当たりにしたケアマネたちの苦悩がつづられていた。

「子どもが家族への愛情から仕方ないと自らを律して、孤独な思いで暮らしている。見ていてつらい」（60代・女性ケアマネ）

「決定権がないのに重大な責任を持たされ、外部の大人との折衝《せっしょう》・判断に駆り出されている」（50代・男性ケアマネ）

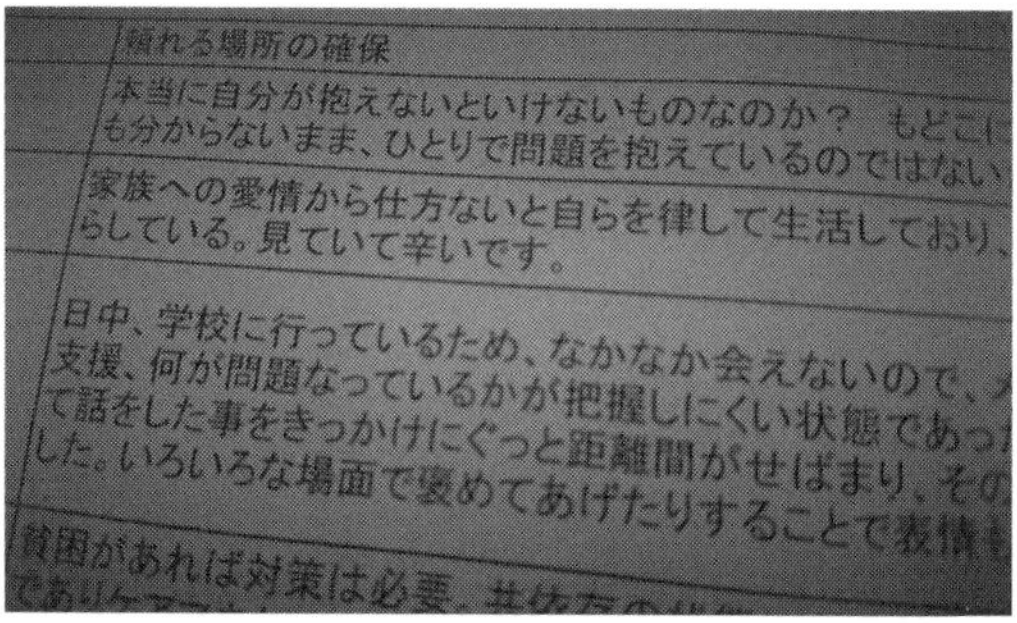

ケアマネジャー調査ではヤングケアラーの心身の不調などを懸念する記述が続出した

「親から介護を押しつけられて職に就けない孫もいた。どう動くべきだったでしょうか」（50代・女性ケアマネ）

子どもが家族ケアにかり出される背景に家庭の経済的な困窮があり、ドメスティックバイオレンス（ＤＶ）や育児放棄（ネグレクト）などの虐待につながりかねない、と懸念の声が寄せられた。そして特に目立ったのは、子どもが家族以外の大人に対して助けを求めにくい状況にあるという指摘だった。

ヤングケアラーが「これが普通」と思い込んで負担の重さを理解できていない事例も多かった。それまでに取材班が直接取材をしてきた元ヤングケアラーたちにも、まさに当てはまる特徴だ。「公的サービスを知らず、解決能力が欠如している」（40代・男性ケアマネ）という意見もあった。

ヤングケアラーのいる家庭を担当したと答えたケアマネ215人のうち、半数近く（104人）が「業務外と認識しつつ、やむを得ず何らかの対応をした」と認めていた。何らかの対応の内容（複数回答）には、「本人の悩みを聞いた」65人、「学校や公的機関に支援をつないだ」

35人、「移動・食事介助など介護の手伝い」24人——などが挙がった。

ある60代の女性ケアマネは、日中学校に通うヤングケアラーとメモや置き手紙でやりとりをしたと、成功体験を明かした。「いろいろな場面で褒めてあげることで（子どもの）表情も明るくなり、進路の相談にも対応した」という。

一方では、「介護を通じていろんなことを経験できるというプラス面も大切にすべきだ」と、子どもによる家族の介護・世話を肯定的にみる意見も、ケアマネの一部にあった。全回答者1303人のうち、44・2％にあたる576人は、ヤングケアラーが社会問題化していること自体を「知らない」と回答した。介護家庭を支援していても、ヤングケアラーの存在に気づかないケアマネも多いということだ。もし気づいたとしても、社会的な支援の仕組みが乏しいのが現状であり、個人的に子どもを支援するかどうかはケアマネたちの意識、特に善意に委ねられている状態だった。


では、ケアマネたちが考えるヤングケアラー支援のあり方とは何だろうか。全国調査ではそれについても質問した。

ヤングケアラーを支援するために「社会に期待すること」（複数回答）を尋ねたところ、「介護事業者、学校、自治体、医療機関、地域などが連携した支援の整備」が最多の66％。関係機関の連携による支援に、ケアマネの3分の2が期待を寄せていた。

子どもや家庭の個人情報保護という建前が、実際の支援の「壁」になっているとも指摘されていた。50代の女性ケアマネは「学校、民生委員、ケアマネ、スクールカウンセラーなど多職種が協働し、情報共有ができれば良い」と自由記述欄に記している。

ケアマネの業務範囲の限界に加えて、関係機関の「縦割り行政」など、実体験からくる不満の声も相次いだ。

「行政に相談したが、様子を観察してというだけ。何かあったら報告する程度」

「行政も学校も自分の範ちゅうを決して超えない」

「行政や学校、児童相談所が把握していた。だけど誰も動かない。これでは誰も助からない」

支援のためにどの機関が連携すべきか、という質問に対しては、スクールソーシャルワーカーやスクールカウンセラーを含めた「学校」が全回答者（1303人）の35・1%、「自治体」が31・5%となり、それぞれ突出して多い結果になった。

以前、ヤングケアラーキャンペーンの記事を読んだ福岡県のある女性ケアマネ（47）から、取材班宛てに丁寧な感想のはがきが届いた。連絡先もきちんと記されていた。田中はケアマネ調査を機に、その番号に電話をかけた。

このケアマネは、高校3年と高校1年の兄妹が70代の祖母を介護している家庭を担当していた。祖母は認知症で、幻覚・幻聴の症状もあった。しかし一人親の父親は、深夜まで仕事で忙しいという。ケアマネはその家族の状況に悲痛な言葉を漏らした。

「お父さんもがんばっとる、と言って介護を引き受ける子どもたちがかわいそうで……」

その家では、兄妹が高校から帰る時間に、祖母がデイサービスから戻ってくる。祖母のオムツの交換やトイレの介助など、身の回りの世話は兄妹の役目だ。家の中にはビニール袋に入ったゴミなどが散らかり、家族の食事は菓子パンや即席ラーメンになることが多いとケアマネは田中に話した。

祖母は突然外出しようとしたり、包丁を持ち出したりすることもあり、ケアマネは「病気がさせていることだよ」と兄妹に説明している。ところがケアマネが父親に面接すると、「子どもたちは問題ありません」ととりつく島もないという。兄の方の大学受験にも支障が出る、と感じたケアマネは祖母の施設入所を勧めた。しかし「そんなお金はかけられない。本人（祖母）も家にいる方が幸せなので」と父親に断られた。

「ギリギリの状況なのに、これ以上どう関わればいいのか、わかりません」

ケアマネの言葉からは、家庭に関与することに業務上の限界を感じている彼女のもどかしさが伝わってきた。

ともかくケアマネ調査が記事になったことで、ヤングケアラーの実態に一歩近づいたという手応えはあった。しかし、調査に多くの限界があったのもまた事実だった。

第一に、調査対象はケアマネであって当事者の子どもではない。調査で得られた情報は、あくまでケアマネからの「また聞き」どまりだ。内容の面でも、子どものケア負担の重さについて客観的な基準を設けたわけではなく、ケアマネたちの主観に基づいている。

ケアマネの6人に1人がヤングケアラー家庭を担当していたとしても、個々のケアマネが業務を通じてこれまでに何人のヤングケアラーを目撃したかは定かでない。今回の調査で質問を「最も印象に残った子ども1人」に絞ったのは、多忙なケアマネが回答する負担を減らし、かつインフィニティー社と取材班が集計しやすくするための苦肉の策だった。ヤングケアラー問題を認識していないケアマネが4割いる以上、「発見」されていない子どもが多数いる可能性もある。つまり「16・5%」という規模感は、厳しく言えば参考指標に過ぎなかった。

また、ケアマネの仕事が高齢者家庭に偏りがちであることは、介護保険の成り立ちからしてやむを得ない。日本ケアラー連盟が定義するヤングケアラーの10類型のうち、高齢の家族以外をケアする子どもが、果たしてどこまで網羅できたのか？

当事者の子どもたちに聞かなければわからないことが、まだあまりに多かった。

きょうだいと私

2020年10月、19歳の松林紗希は東京の芸能事務所に合格した。

歌には自信があった。高校1年の時、地元テレビ局の歌唱コンテストに出場したこともある。

大一番のオーディションで歌ったのは、唱歌「故郷《ふるさと》」(作詞・高野辰之、作曲・岡野貞一)の3番だ。

志を果たして
いつの日にか帰らん
山は青き故郷
水は清き故郷

歌い出しを誰でも知っている、1番の「兎《うさぎ》追いし」はあえて選ばなかった。夢のスタートラインに立った紗希は、生まれ育った山形県を離れて、今は首都圏で暮らす。

きょうだいの介護について語る松林紗希。「きょうだいありきの自分、が小さい頃からずっと根付いています」

「故郷の3番」ってまさに私のことかな。そう思うと少し可笑《おか》しくなる。

紗希は、自分が変わった「決意の日」のことを忘れたことはない。16年2月9日。そのとき紗希は14歳、中学2年生だった。

何の変哲もない夜だった。母の瑠美子が家の風呂場へ歩いていくのが見えた。

「よし、いまだ」。私が本当にやりたいことを言おう。

紗希は瑠美子を追いかけて一緒に浴室に入った。狭い浴槽は、2人が向かい合って座ったらそれで満員。どこにでもありそうな、仲のいい家族の光景だ。お湯が少しあふれていたかもしれない。

「小説家になるのもすごくいいと思ってるんだけど、書くことより、演技をする方に興味が出てきちゃって」

紗希は一生懸命、役者になる夢を初めて打ち明けた。一番気になっていることも口にした。

「だけどここ（山形）だと、やれることに限りがあると思うんだよね……」

ずっと心に引っかかっていることだった。私が家を出て、お母さんたちが年をとってしまったら、お兄ちゃんと妹はどうなるの？

紗希の気持ちを察した母はこう言った。

「2人のことは気にしないで、好きなことをやっていいんだよ」

あ、いいんだ。紗希は緊張が解けるのを感じた。

風呂からあがると、「2月9日」と日付を書いた紙を、自分の部屋の壁にペタペタと貼った。「決意の日」を絶対忘れないようにしないとね。毎年、手帳を買うと、すぐに2月9日の欄に書き込む癖がついた。

2歳上の兄佳汰《けいた》と1歳下の妹亜美《あみ》は、生まれつき、運動神経をつかさどる酵素がないという難病だ。芳香族《ほうこうぞく》Lアミノ酸脱炭酸酵素（AADC）欠損症。19年1月現在、日本国内で確認されている患者はたった8人しかいない。

手足のまひや知的障害など、脳性まひに近い症状がある兄と妹には、食事・入浴をはじめ多くの介護が必要だった。父は外で仕事をしており、主に2人を介護するのは母だ。

紗希（中央）にとって、兄の佳汰（左）と妹の亜美（右）の相手をするのは自然なことだ。「えらいねと言われても違和感があります。『絵本を一緒に読もうよ』という感覚に近いので」（本人提供）

紗希も物心ついた頃には、きょうだいの車椅子を押していた記憶がある。小学生にして、すでにオムツ替えや胃ろうの注入を手伝っていた。それが「当たり前」だった。

しかし、外に出た途端、自分たち家族が周囲の視線を浴びることに紗希が気づいたのも、同じ小学生の頃だ。「すごいのに乗ってる！」ショッピングモールで、紗希と同じ年ごろの小さい子が無邪気にきょうだいを指さした。その子の母親は「見ちゃダメよ」とその子をしかった。なんで私たちが、見ちゃダメな人になっているんだろう？

母の知人に会っても、注目されるのはきょうだい2人。よく紗希は「どういう関係だっけ？」とその人たちに聞かれた。「真ん中のきょうだいです」と答えるのは紗希の役目だった。

「きょうだいのお世話をする、えらい子ね」と言われるのが嫌いだった。まるで、私が息をしているだけでほめられるみたい。

正月に大人からもらうお年玉の額は、紗希の方が2人よりも多かった。車椅子の2人は自分だけで買い物に行ったりできないから、健常者の紗希に多めにくれたのだろう。紗希だけがお年玉をもらう時もあった。紗希はそのお年玉を袋から出して、母に「3人に分けて」と頼む。そんな子だった。

くれた人の気持ちもわかっている母の瑠美子は、じゃあ1000円だけ多くもらってね、とやんわり紗希に言った。だだをこねたが、結局もらうしかなかった。

2人は風邪を引くと入院しなければならず、その度に紗希は祖母の家に預けられた。いつだったか、新幹線に乗り込む母たちをホームで見送って、祖母の隣で寂しさのあまり大泣きした記憶がある。

学校の先生や友達は紗希の家庭のことを知っていた。「お兄ちゃんと妹は元気？」と時々聞かれた。学校には他にも障害のある子が通っていて、紗希の嫌いな「特別扱い」は無くてすんだ。

兄の佳汰が気管切開のために声を失ったのは、紗希が小学生の間だったように思う。「お兄ちゃん、声が出なくなるんだ」。紗希はお茶の間を出た後でひとり泣いたが、声が出なくなっても、表情の豊かな兄が何を言っているのか、じきにわかるようになった。

兄は、紗希に言わせれば「心底やさしいヤツ」だ。NHKの「おかあさんといっしょ」を見ていると、エンディング曲が流れる度に感動して、それだけで泣いてしまうような。我が兄ながら、実に涙もろい。

そして妹の亜美はだだっ子。小さい頃はヤダヤダ！　と学校に行きたがらず、母と紗希の手を焼かせたこともしょっちゅうだが、紗希は妹を大層かわいがった。家のアルバムには、紗希が母の化粧品で亜美の顔にいたずら書きをしたり、亜美にふざけてサングラスをかけさせたりした写真がある。

実は紗希は、中学生で「銀幕デビュー」を果たしている。紗希の一家を10年かけて追い、佳汰と亜美が最新の遺伝子治療を受けたことを記録した、ドキュメンタリー映画「奇跡の子どもたち」（17年、稲塚秀孝監督）だ。

この作品は、優れた科学技術映像に贈られる第59回科学技術映像祭で、最高賞の内閣総理大臣賞を受賞。18年の第92回キネマ旬報ベスト・テンでは文化映画の4位に食い込んだ。映画の中で、幼い紗希はきょうだいの車椅子を押している。

終盤、15歳の紗希がきょうだいに宛てた手紙を朗読する場面がある。

「日本で初めて見つかった障害、治療法のない難病、そのような希少難病を持つ子どもが自分の家族に2人いるという事実、そのことをやっと実感したのは小学校低学年の頃だったと思います。周りからは『特別なきょうだいを持っている』と思われていたかも知れません。

しかし、今もなお私にとって2人は何の変哲もない大好きな兄であり妹です。頻繁になる2人の入院、母が付き添うため、甘えたい時期に甘えることができませんでした。両親もきっとつらかったと思います。そんな中での母の言葉は忘れられません。『兄ちゃんと亜美ちゃんを元気な子に産んであげられなかった』と自分を責めていたこと。兄が気管切開をすると母に言われ、声を一生出せなくなるという事実を聞いた時、兄の声を一生聞けなくなることが悲しくて、母にばれないように泣いたことを覚えています。

そんな私たちに届いた遺伝子治療の知らせは、希望にあふれた奇跡の始まりでした。支えてくれた両親、手術をしてくださった先生方、全ての皆さまに感謝しています。そして何より兄と妹に『ありがとう』と伝えたいです。

兄ちゃん、亜美ちゃん、たくさん笑って過ごそうね。本当に本当にありがとう」

中学2年の「決意の日」、役者になる夢を母に明かした紗希だったが、それは他の誰にもまだ言えなかった。「こんな田舎で何を言っているんだ、こいつ？」とあきれ顔をされるのが怖かった。クラスの友達がいきなり演劇をやりたい、なんて言い出したら自分だってそう思うから。

幼い頃に「お兄ちゃんたちを治したい」と言った紗希は、看護師や特別支援学校の職員になるという表向きの目標を変えられなかった。国語の授業で教科書のちょっとした朗読や、中学校の弁論大会に出た時に意識して頑張るくらいしか、できることがなかった。そういうことでほめられるとすごくうれしかった。

あがき続けて中学3年になった。結局、県内の福祉系の高校を志望した。内心を押し殺したままで面接の練習も始めた。

推薦入試のために作文を添削してもらった時だ。先生に会議室に呼び出された。

「紗希は作文で自己アピールをしないといけないのに、それを避けている気がする。自己否定が強すぎて、文章がすごく重い」

その高校が自分の一番行きたいところではないからだ、だから作文もどこかウソっぽいってばれたんだ、と紗希にはわかった。いつも親身になって話を聞いてくれる先生だ。両目に涙があふれてきた。

「実は、ウソをついていました」

会議室の隅っこで、本当のことを話しながら泣いた。先生は「隠さなくてもいいのに」と言ってくれたが、今さら進路を変える勇気もなかった。

「役者になりたいんでしょ？　だったら『先生に怒られて泣いちゃった』ように演技して、教室に戻りなさい」。最後に先生は、目を赤く腫らした紗希をそう送り出した。

「介護士になる」と宣言して高校に進学した紗希は、演劇部に入った。

もともとドラマや映画を見たり、小説を読んだりするのが好きだった。物語を演じる役者に最初に興味を持ったのはそのせいだ。

きょうだいありきの自分という今までの根っこが嫌だったわけでは全然ない。しかし「きょうだいの世話をする、えらい子」という肩書なしで勝負できる世界だ、と感じれば感じるほど、その世界からさらに意識をそらせなくなっていた。自分自身を評価してもらいたいから、なおスポットライトに憧れた。

一方、介護の授業を受けているうちにわかってきたのは、介護士にはプロの視線が必要だという現実だ。

それまで紗希は、兄と妹の難病を家族として見ていた。それが当たり前だった。ところが授業では、当事者でも家族でもない第三者として「相手の症状を突き放した目で観察すること」が要求された。

紗希は幼い頃から、きょうだいの車椅子を押して施設や病院に通っている。福祉の仕事を目指したきっかけも、そこで見た看護師や特別支援学校の職員の姿だった。だけど……。

「兄ちゃんと亜美もそういう見られ方をされていたのかな」

授業を聞くのが段々しんどくなった。高校2年の時点ではもう気づいていた。

「私は家族だからこそ、きょうだいの介護ができてたんだ」

心と体に変調が生じたのは、紗希が生徒会長に立候補しようと選挙ポスターも書きあげた頃だった。仲のいい友達もでき、部活では演劇大会にキャストとして出演することになっていた。やりたいことはたくさんあったのだが、心配した周囲からストップがかかった。

具合がどんどん悪くなり、朝起きても布団から出られなくなった。登校できず、医師からはうつ病と診断された。

18年10月から2カ月間、高校を休んだ。体調は回復しなかった。医師はそろそろ治ってもいい頃なんだが、と首をかしげた。一度学校に行けば何とかなるかもしれないと、冬休み明けから登校した。1週間ほどは登校できたが、気持ちは沈む一方だった。

「この学校にいること自体、無理をしているのかな」。紗希は退学を決めた。

退学届を出すと、心の負担がなくなった紗希はすぐに元気になった。高校のみんなには申しわけなかったが、これが本来の私なんだなとも思った。

紗希は通信制高校に転入した。きょうだい2人の胃ろうや食事の介助を続けながら、今度こそ、夢だった役者を目指そう。

紗希の「二度目」の決意だった。

かつて作文を添削してくれた、あの先生に会うことがあった。

「あの時、無理してたもんね」。紗希があまり頑固に介護士になるんだって言うから、しかたなく背中を押したんだ、と先生は言った。見る人から見ればそう見えていたんだなあと紗希は思った。

紗希への初めての取材は、新型コロナウイルスが全国で猛威を振るう直前の20年3月9日。

山形県の「きょうだい児の会」の場だった。病気や障害を持つ兄弟・姉妹がいる子どもはきょうだい児と呼ばれ、その中にきょうだいの介護や世話をするヤングケアラーがいるとされる。

同会事務局の佐藤奈々子が運営している、障害児の発達支援施設「まなびのへやバンビーナ吉原」（山形市）で、紗希は会の様子を笑顔で説明した。

「きょうだいが集まって『大変だよね』という話をするわけでなく、漫画の『鬼滅の刃』が面白いらしいねとか、関係ない話をしていましたね」

ほがらかな印象の紗希が、役者になる夢を打ち明けられなかった話にさしかかると、同席していた佐藤が優しい口調で言った。

「彼女は、お母さんとお父さんの頑張っている姿を見続けているので『お利口さんにしないといけない』と思って、自分のことはいろいろと我慢してきたみたいなんです。小学生の時からずばぬけてお利口さんで」。きょうだいの件で紗希の家に電話をすると、当時中学1年の紗希から「いつも兄と妹がお世話になっています」とお礼を言われたという。

紗希は時々笑いながら話を聞いていた。幼い頃から紗希を見守り、佳汰と亜美のきょうだいを支援してきた佐藤いわく、紗希とは「うるさい叔母」の関係だ。

「本人は当たり前にしていますが、プロから見ても、ケアが大変なきょうだいを持っているんです。紗希ちゃんは不安な経験をいっぱいしても、うまく自分で消化して『こんなもんだ』と思ってきたはずです」

本人はそう思われるのがあんまり好きじゃないかもしれないけれど、と佐藤は付け足した。

そんな紗希にヤングケアラーという言葉をどう思うかと尋ねると、戸惑いを口にした。

「私はケアをしている側だと思っていないんです。えらいねと言われることにはずっと違和感があります。『ケアをしている子ども』という意識でみてもらうのは、ありがたいことなんだろうなと思いつつ、自分にとっては普通のことなので」

紗希にとってきょうだいの相手をすることは、一緒に絵本を読むのと変わらないのだという。

午後5時半を過ぎ、施設の周りも暗くなってきた。紗希の母瑠美子がワゴン車を運転して、紗希を迎えに来た。後部座席のドアが開くと、車椅子の佳汰と亜美がいた。「こんにちは」と記者があいさつをすると、佳汰と亜美は笑顔で応えた。

紗希は地元で、故・井上ひさしの作品を上演する朗読劇の活動にも参加していた。ちなみに井上は山形県の出身である。

ところが新型コロナウイルスの感染拡大で、20年6月に予定されていた朗読劇の公演は中止になってしまった。その頃の紗希はというと、自分の朗読を録音して、芸能事務所などにいくつか送っていたという。「返事は来ないだろうけど、やれることはやろうと思って」。紗希はそう言って明るく笑った。かつての迷いはもうなかった。

紗希はいったんは芸能事務所に所属したが、今は演劇の道に専念したいと考えて埼玉の劇団で活動している。兄と妹とは離れて暮らす。

目標への道をようやく一歩踏み出した紗希だが、きょうだいへの思いは、時を経ても変わっていない。

「きょうだいと居てイライラすることもあるけれど、『もし2人が居なかったら』と想像すると、それは私の人生じゃないです。2人にとっても、そうだったらいいな」

第3章

えっ?
国が全国調査?

神戸の介護殺人

ヤングケアラーのキャンペーン報道が始まる半年前、２０１９年10月9日付の毎日新聞神戸版に小さな記事が載った（容疑者、被害者は紙面では実名）。

祖母の口にタオル　殺人未遂で孫逮捕　容疑で、須磨署

介護中に祖母を殺害しようとしたとして、須磨署は8日、神戸市須磨区の幼稚園教諭、A容疑者（21）を殺人未遂容疑で緊急逮捕した。「おばあちゃんが暴れたのでぬれたタオルを口に入れた」と容疑を認めているという。祖母は救急搬送されたが死亡が確認された。署は殺人容疑に切り替えて捜査する。逮捕容疑は8日午前6時ごろ、同居する祖母（90）の口にタオルを詰めて殺害しようとしたとしている。署によると、A容疑者はぬれたタオルで体を拭いた際、祖母が暴れたためタオルを口に押し込んだという。その後にA容疑者が自ら署に通報した。

地域面の1段に見出しがおさまるいわゆる「ベタ記事」は、兵庫県の読者向けに淡々と処理された。全国的なニュースにもならず、世間の大半からすぐに忘れられた。

２０２０年の初め、取材班の向畑泰司は記者用パソコンに何気なく「介護」「事件」などの

検索ワードを入力していて、ネット上のこの記事を見つけた。当時21歳のAは、もしかして子どもの頃から祖母を介護してきたヤングケアラーだったんじゃないか、と向畑は思った（なお、Aは女性である）。キャンペーン報道開始直後の4月、大阪本社の社会部へ異動した向畑は、東京本社に残る取材班の田中裕之、特別報道部デスクの松尾良の2人に「公判（刑事裁判）の日程がわかったら連絡します」と言い残した。向畑が事件取材に専従する大阪府警のサブキャップになったのは、その意味では好都合といえた。

だが、公判はなかなか始まらなかった。新型コロナウイルス感染拡大の影響で、刑事や民事を問わずさまざまな裁判の延期が相次いだからだ。

それから3カ月以上たった8月中旬、連絡を取り合っていた神戸支局から、神戸地裁で裁判員裁判の期日がようやく決まったと連絡があった。向畑はすぐにそのメールを取材班に転送した。公判を聴かないことにはAがヤングケアラーかどうかがわからない。

「神戸に記者を行かせよう」

コロナ下ではあったが、20年春から特別報道部長を務めていた前田幹夫も即決した。東京社会部時代に東京地検の担当経験もある取材班の山田奈緒が、神戸に出張して9月9日から公判を傍聴するよう命じられた。

ヤングケアラーの視点から関心を持つ報道機関が他にあるのか不明だったが、いわゆる「介護殺人」は社会問題としてすでに定着し、市民の関心も高い。山田は現地の記者クラブに所属しておらず、もし一般向けの傍聴席が確保できなければ法廷に入れない恐れがあった。阪神支局時代の経験から、法廷があまり広くないことも知っていた山田は、初公判の前夜、東京に電話をかけて「明日は念のため、早めの時間に裁判所に行きます」と告げた。

神戸地裁の建物は赤れんが造りで瀟洒《しょうしゃ》な趣がある。その201号法廷に、山田は開廷の午前10時より1時間以上も早く着いたが、案の定、すでに7人の傍聴希望者が並んでいた。列は最終的に山田も含めて20人ほどになった。

新型コロナウイルスの感染対策として席の数が絞られ、記者席を除く一般傍聴席はわずか12。山田は運良く席がとれたが、傍聴できなかった人もいた。初公判が報道された翌日はさらに希望者が増え、30人近くが列をなした。

法廷に入ってきたAは年齢より幼く見えた。小柄で細身。白い襟付《えりつ》きシャツに黒のパンツ姿で、黒髪をポニーテールに結っていた。

だが裁判官や裁判員、傍聴人の前で、その話し方は一つ一つ、はっきりしていた。検察官が殺人罪の起訴内容を読み上げた。「間違いありません」。よく通る声でAは答えた。

検察、弁護側双方は冒頭陳述で、Aの複雑な生い立ちと1人で祖母を介護するに至った経緯を明らかにした。

幼い頃に両親が離婚したAは母に引き取られたが、その母も、Aが小学1年生の時に脳出血で亡くなった。Aは施設に移された後、父方の祖父母の家へ引き取られ、3人暮らしの幼少期を過ごしている。弁護側の説明では、祖母は気性が激しい面があり、時折Aをののしったり母の悪口を言ったりしたという。

「誰が施設から引き取ってやったと思ってんねん」

「借金ばかりつくった母親から生まれた」

Aは中学2年で精神的に不調をきたした。睡眠薬を大量に飲み、複数回、救急車で運ばれた。

「祖母と同居しない方がいい」と医師に勧められ、今度は父の妹にあたる叔母の家に身を寄せた。子育て中の叔母の家に居候をしながらAは短大へ進学し、19年4月から幼稚園で働き始めていた。

では、なぜAが介護することになったのか、山田は冒頭陳述とそれに続く証拠調べに聞き入った。

Aが祖父母の家を離れた後、高校1年の頃に祖父が亡くなり、かつてAをののしったという祖母は独居になった。Aが社会人になった頃には、祖母は認知症が進行して一人暮らしが困難な状態に陥り、誰かが同居して見守る必要が生じていたという。

祖母には長男（Aの伯父）、次男（Aの父）、長女（Aが一時身を寄せた叔母）がいる。住まいは祖母の近所だが、それぞれ別だった。長男は会社の経営が忙しく、次男には手足がしびれる持病があり、長女も子育てを抱えていた。孫であるAが就職直後の19年5月、祖母と再び同居して介護を始めた。

ここまでのところで、傍聴席の山田は「Aがヤングケアラーではなかった」ことに気がついていた。正確には、それまで取材班がヤングケアラーとして報道してきた子どもたちとは違うという意味だ。

日本にヤングケアラーの法令上の定義はない。だが取材班は、日本ケアラー連盟の定義にならって「家族ケアを担う18歳未満」だと散々報道していた。一方、Aが祖母を介護したのは、21歳の19年5月から犯行に及んだ10月上旬までの約5カ月間だった。幼い頃から介護をしてきたのでは、という予想は外れた。初公判を終えた夜、その報告を受けた電話口の松尾は少し落胆しているようだった。山田は「せっかく神戸まで来たので、A本人の弁明をもう少し聴いてみます」と伝え、翌日の公判2日目も傍聴席でノートにペンを走らせた。

弁護人　誰かが同居して介護という話になったとき、お父さん、叔母さん、伯父さんが同居して介護するという話は出なかったんですか?

A 出なかったと思います。

弁護人 叔母さんや伯父さん、お父さんがローテーションで(祖母宅に)泊まるという話は出なかったんですか?

A 出なかったと思います。

弁護人 叔母さんはどんな話をしていましたか?

A 叔母さんは施設にちょっと否定的で、「Aがみるのが当たり前じゃないの」みたいに言われました。

弁護人 Aさんは(祖母に)世話になっていたから、という話はありましたか?

A ありました。

弁護人 お父さんからはどういう話が?

A 似たようなことを言われた記憶があります。

弁護人 1人で介護することに決まったときは正直どういう気持ちでしたか?

A 乗り気ではなかったけれど、でもやっぱり「住むのは私しかいない」って思いました。お父さんや叔母さんに「できない」と言うことはできませんでした。

Aは幼い頃から大人の顔色をうかがって生活してきたらしい。母を亡くし、父と離れ、祖母との折り合いも良いとは言えず、叔母とも微妙な距離があったようだ。Aは「(叔母に対しては)いつも勝手に私がビクビクしていた」と証言した。祖母は病院から「施設に入った方がいい」と勧められていたが、Aの伯父や叔母、父は在宅介護の道を選んだ。ただし、自分たちが同居して介護をするのではなく、それをAに委《ゆだ》ねた。Aは立場の弱さや過去にお世話になった恩義から、祖母との同居を決意した。

聴いていた山田は、弁護側が「立場の弱い孫に周囲が介護を押しつけた」というストーリーを裁判官と裁判員に印象づけようとしている、とわかった。ただ、それがご都合主義とばかりも言えないことは、初公判で示されたAの伯父による陳述書が示していた。

「母(Aの祖母)の家にAが戻ることについて家族会議はなかった。父(Aの祖父)は生前、Aをかわいがっていて『この家はAのものだ』と言っていたから、Aは戻らなければいけないと思ったのかもしれない。介護の内容は知らない。(事件の)3カ月前にすれ違った時にAにあいさつしたが、いつもどおりだった。Aは明るく優しい子。夜の一番大変な時間を、Aが介護していた」

「母は昔から気が強い。Aにヒドイことを言ったのだろう」

「何も殺さなくてもという思いはあるが、母の世話をAに任せきりにしたきょうだいに責任の一端がある。こうなる前に相談してほしかった。重い処罰は望まない」

公判で明らかになったAの介護は、実際のところ過酷だった。

祖母は平日の日中はデイサービスに通っており、Aは職場の幼稚園から帰宅すると祖母に晩ご飯を食べさせた。食事にも介助が必要な時があった。毎日ではないが祖母の入浴も介助した。睡眠薬を服用させ、午後9時ごろに寝かしつけた。

その後に園児と作る工作の準備やピアノの練習など、翌日の仕事の準備をしたが、A自身の時間はなかなか続かない。祖母は数時間たつと目を覚まし、「泥棒がいる」「お化けがいる」と夜中に騒ぐのをAがなだめた。夜間のトイレも頻繁で、排泄で汚れた祖母の体をふいたり、洗ったりしてきれいにした。

祖母は徘徊《はいかい》があり、夜中に家を出て、1時間ほどかかる祖母の散歩に付き合うこともあった。デイサービスのない土日、介護や見守りは一日仕事だった。2時間ほどしか寝られない日が続いたが、尽くすAに祖母は「お金をとったやろ」などと心ない言葉を浴びせたという。慢性的な睡眠不足から昼間にぼーっとしても、介護をしてるから、というAの言葉を同僚は信じず、Aは職場になじめなかった。社会人になりたてで慣れない仕事と介護を両立しようとしたAは体調を崩し、夏ごろに「軽いうつ」と診断された。

そしてAが犯行に及んだのは、同居から約5カ月が経った19年10月8日。祖母をベッドに寝かせて、Aはその脇で布団を敷いて寝ていた。

早朝の午前5時半、祖母に「汗をかいた」と起こされた。お湯で温めたタオルで体を拭いていると、祖母がののしった。「あんたがおるから、生きとっても楽しくない」。Aはごめんねとなだめたが、祖母の興奮は止まらなかった。

「なんでそんなこと言うん？ って言い返しました。全否定された気がして。おばあちゃんは『自分の胸に聞いてみろ』って。とにかく黙ってほしくて、タオルで口を塞ぎました」

Aは祖母をベッドに押し倒し、タオルを口に押し込み、手で口と鼻を覆った。数分押さえ続けると祖母は動かなくなった。

Aは自殺未遂を図ったが果たせず、午前7時ごろ、自ら110番通報した。

「おばあちゃんを殺してしまいました」


2日目の開廷を待つ間、山田は同じ列に並んだ傍聴希望者たちと雑談した。前日の初公判を聴いた人たちは、Aに同情しきりだった。

「かわいそうだ」「Aの父親は何をしていたんだ」「親族もとんでもない」

この公判が報道されれば、彼らと同様に、Aを助けなかった家族や親族を批判する世論が起きるだろう、と山田は予測していた。

山田は自宅で、知的障害や難聴、精神疾患を患う姉と同居している。取材班で唯一、見守りも含めて家族のケアをしている現役のケアラー（家族介護者）であり、元ヤングケアラーだ。ケアの現場を実体験として知る彼女は、取材班の中でも一目置かれていた。ケアラーの目線から原稿に率直かつ辛辣《しんらつ》な意見を言うこともあれば、当事者の自分が第三者の記者として、冷静にこのキャンペーン報道に関われるのかと悩んだ時期もある。

Aがやったことは殺人であり、法治国家の日本で殺人はどこまでいってもやはり重大な犯罪であった。被告に同情すればその罪が消えるわけでもない。

同時に山田は、かつて自分が家族のことを相談した時の、福祉事務所、保健所、病院の専門家の〝無責任な言葉〟を思い出していた。

「大変ですね。でも障害のあるご本人が一番大変ですから」

「ご家族は大変かもしれませんが、ご本人は楽しそうに生活してるじゃないですか」

「またいつでも相談に来てください」

じゃあ、ケアをする側の家族はどうなってもいいの？　やりきれない記憶を山田は脳裏から振り払った。

Aは本当に孤立していたのか、周囲にSOSは出したのか、周囲は何をして何をしなかったのか——と考えながら、公判に聴き入った。

Aは夜間、1人で祖母を介護していたが、昼間のオムツなどの買い出し、通院の付き添いなどは叔母がしていた。叔母は平日の朝、祖母をデイサービスに送り出し、祖母やAの夕食を作って届けるのも日課だった。Aからの電話で、祖母の徘徊を止めに駆けつけたこともある。持病のあるAの父は夕方、デイサービスに祖母を迎えに行く担当だったという。

祖母は定期的に通院し、睡眠薬を処方されていた。Aも通院に付き添うことがあり、医師は重い認知症の祖母をAが介護していることを知っていた。さらにA自身が通っていたメンタルクリニックの医師も、介護のことを知っていた。

検察官　クリニックの先生には具体的にはどんな相談を？

A　介護でおばあちゃんが寝てくれないとか、ひどいことを言われたとか、仕事でちょっといじめじゃないけど、そういうこととか。

検察官　仕事や介護が大変だということを相談した？

A　はい。

検察官　先生からアドバイスは？

A　仕事は休職するか、退職するか、転職するかしたほうがいいんじゃないのって。介護については「大変やね」とは言ってくれたと思うが、改善策までは……。

祖母は介護保険の「要介護4」と判断されていた。最重度の「要介護5」はほぼ寝たきりの状態である。認知症が進み、徘徊があることは介護計画を立てる介護事業所も把握していた。証人に立ったケアマネジャーは、家族の負担を軽減するために祖母を施設に短期宿泊させるショートステイを何度か試みたが、「うまくハマらなかった」と述べた。祖母が施設で「帰りたい」と大声で騒ぎ、自宅に帰されたこともあった。帰宅願望は認知症の症状のひとつだ。

平日の昼間に使っていたデイサービスの関係者も、Aの祖母の介護の難しさと、Aがその中心的な担い手であることを知っていた。Aは祖母の介護計画をめぐる「サービス担当者会議」に出席したことがある。福祉関係者の中には、Aが「軽いうつ」と診断されたことを知っていた人さえいた。

そしてAは、ささやかではあったが、職場やメンタルクリニック、さらに友人たちにSOSをたびたび匂わせていた。叔母にも「介護で睡眠不足だ」と話し、叔母に対する不満をSNSに書き込んでいた。

法廷のAは弁護人に向かって、堰《せき》を切ったように当時の胸の内を語った。

「起きている時も、寝ているか起きているかわからない感じで、祖母と同居した初日から、想像以上に大変だと思った。2日目にもう無理だなと思ったけど、『無理かも』と初めて叔母に言ったのは（それより後の）5月か6月頃でした。

私が介護をするって言った手前、すぐに弱音を吐いたらいけないと思いました。祖母を施設に入れてほしかったけど、叔母は『施設に入ったら縛られる（拘束される）』と。父も似たようなことを言っていました。突き放されて、何も言えないと思いました」

「助けてほしいと叔母に電話をしました。おばあちゃんと一緒に叔母の家に帰りたい、とも言いました。無理だ、認知症だからしかたないって言われました」

一方、証言に立った叔母は、子育て中の家に祖母とAを迎え入れるのは難しく、祖母の帰宅願望が強いこともあってできなかった、と話した。施設入所には消極的だったものの、認知症に対応しているグループホームを探して申し込み、キャンセル待ちをしていたことも明かした。Aと温度差があったのは確かだが、親族がAの介護負担を軽減しようとしなかった、とは言えないだろう。

またAは、相談という意味ではケアマネに頼らなかったようだ。普段は叔母がケアマネとやりとりをしており、その叔母を飛び越えて自分がケアマネに直接話すのは気が引けた、とAは法廷で証言した。

ケアマネの証言はこうだ。「大丈夫かとAさんに聞いたら、はつらつと『大丈夫』と。笑顔もあった。何かあったら直接連絡をくれるように、と伝えました」

SOSを発信するAの力が弱かったのか、それとも親族や福祉・医療関係者のSOSを受け止める力が弱かったのか、それともその両方か。傍聴者の山田にははかりかねた。

Aがもっと何かを調べたり、助けを求めて行動を起こしたりする余地はあった。ただし、人生経験も社会経験も乏しいヤングケアラーの場合、「家が全てだと思っていて、逃げようという発想もなかった」というケースは少なくない。

当時21歳のAは、法律上は子どもではないが、成人して間もない社会人1年生だった。実体験から、SOSを察知して受けとめる意欲の低さや連携不足など、福祉・医療側の対応も事件の要因の一つだ、と山田には思えた。


叔母は事件当日のことを涙の中で証言した。

「朝、いつものように夕ご飯を作って持っていこうと思ったら、家の前が通行止めになっていました。『殺人事件があった』と。

口調は厳しいけれど優しい母でした。最期までみてあげられなかったことを悔やんでいます。

申しわけない気持ちでいっぱい。Aには言わなかったけれど、母の最期の顔が苦しそうで。司法解剖されて傷だらけの身体で帰ってきた母を見て……」

叔母はこうも言った。

「Aが小学生の頃、母はもう高齢だったので、学校の行事に行けないことが多かった。『Aがかわいそうだから、私の代わりに行ってあげて』と母から頼まれたこともあった」

Aの伯父は「(祖母がAを)厳しく怒っているのを見たこともあるが、全体的にやさしいところもあった。ピアノの練習が必要といえばピアノを買ってあげて、学費も全部出していた」と陳述した。

検察側が、祖母といて楽しいことはなかったのか、とAに尋ねた時だ。

「楽しいこともありました。調子のいいときは、会話がちゃんとできて。私が(幼稚園の園児のために)つくった作品をかわいいって言ってくれて……。楽しいこともありました」

声が震え、Aはこぼれ落ちる涙をぬぐった。傍聴席の最前列の端から山田はその姿を見ていた。

検察側は「Aには強い殺意があったと認められる。他に取り得る手段があった。やむにやまれず及んだ犯行ではない」と主張したが、遺族に厳しい処罰感情がないことも踏まえ、殺人事件としては軽い懲役4年を求刑した。弁護人はAの当時の責任能力について「心神耗弱《しんしんこうじゃく》だった」と訴えて、刑の執行猶予を求めた。

20年9月18日。5日間の審理を経て、裁判長はAに懲役3年、執行猶予5年の判決を言い渡した。裁判所が殺人罪を認定しながら刑を猶予するのは異例だ。

判決は、祖母の口と鼻を数分間押さえつけたAの犯行に「強い殺意」を認める一方、酌《く》むべき事情があるとした。

「被告は心身ともにきわめて疲弊し、激しい怒りを抑えられずに衝動的に犯行に至ったことを強く非難することまではできない。（中略）叔母や被害者との関係、被告人が当時21歳で社会経験に乏しかったことを踏まえれば、叔母の意向に反してまで介護負担を軽くする策をとることは実際上困難だった」

判決は報道各社が報じた。毎日新聞では、判決の1カ月後に出稿された神戸支局の詳細な記事が、新聞の紙面よりも先にインターネットの「毎日新聞デジタル」やヤフーニュースに掲載された。記事は裁判の内容と事件の構図を分析するだけでなく、判決後に更生を目指すAの生活にも迫った労作だった。その時期のネット記事では社内トップクラスを飾るほど、多数の読者に読まれた。

結局、山田自身は記事の出稿を見送った。介護をした時期、すでに成人だったAは、これまでのキャンペーン報道との整合性を考えれば、やはり「ヤングケアラーとは違う」という取材班の判断だった。

神戸支局の記事は部分的にヤングケアラー問題にも言及していた。紙面の見出しやレイアウトを決める東京本社の編集編成総センター（いわゆる整理部）から意見を求められ、取材班デスクの松尾は「Aは正確に言うとヤングケアラーではない。見出しには取らない方がいいですよ」と助言した。

しかし報道の後、SNS上では「Aがヤングケアラーだった」ことを前提にした論評が飛び交った。法律上は大人でも、成人して間もないAは、読者の多くにとって「ヤング」だったわけだ。そうした論評の数は、取材班の予想をはるかに超えた。松尾はそれらを読んだ後、未成年という定義にこだわりすぎたかな、と山田と田中に反省の弁を述べた。

ヤングケアラーの子ども、20代から30代のいわゆる若者ケアラー、そして「老老介護」に至るまで、どれも家族による介護に変わりはない。とはいえ、世代を問わずに家族介護全体に手を広げることは、取材班の陣容では物理的に不可能だった。テーマが拡散すれば元々のキャンペーン報道の趣旨があやふやになる恐れもある。

取材班は話し合った。そして「子どもであるヤングケアラーは最も未成熟な世代であり、学校教育や進路など、その後の人生への影響が特に大きい」という報道の狙いを改めて確認した。

やはりテーマはこのままでいこう。

だが同時に、このキャンペーン報道が「大人のケアラーに支援は要らない」という誤ったメッセージにつながってはならない。松尾は、そうしたことを一から解説するような記事をいずれ書いてくれないか、と2人に言った。

一方、山田の予想通り、各メディアが公判を報道した後、SNS上には「Aがかわいそう」という同情の声があふれた。Aの生い立ち、複雑な家族関係、介護の過酷さを中心に構成された「悲劇的な介護殺人」の記事は、読者の涙を誘った。

やはり一部で親族バッシングも起きた。罵倒の書き込みが続出した。

「真の犯人は介護を押しつけた親族だ」

「クソ親族の住所をさらせ」

「叔母も父親も鬼畜だ」

だが、子どもによる過酷な介護は、介護される側や周りの家族・親族を「血縁のくせに何もしなかった」と非難すれば、それで解決するのか。そのまま事件は忘れられ、またどこかで同じ悲劇が繰り返されるのではないか。医療や福祉、行政はどこまで、どうやって介入し、支援すべきなのか。

「認知症になった母を毎晩、殺そうと思っていました」

衝撃的なタイトルのメールが取材班に届いたのは、Aの公判が始まる直前だった。若年性認知症の母を中学生時代に介護した27歳の女性だという。

長文のメールには、母と毎晩怒鳴り合い、母に殴られ、そのまま眠る日々だったとつづっていた。もはや家族ケアと呼べるレベルを超えている、とも思われた。

「こんなに苦しみが続くなら、母親を殺して私も死んだ方がよっぽど楽だと思っていました。でもできなかった。怖くて、できませんでした」

現在は東京都内で介護福祉士をしているというその女性は、これまでの取材班の記事を読んで、ヤングケアラーたちに自分が何か役に立てることはないか、せめて情報提供がしたかったと記していた。

彼女に会って話を聞きたい。公判の傍聴を終え、神戸から東京に戻った山田は、そのメールがどうしても気になっていた。介護していた家族を殺してしまったAと、ぎりぎりで踏みとどまり、殺さなかった少女。いったい2人の何が違ったのか？

全国調査の兆し

一方、Aの公判に先立つ2020年の夏、日本は新型コロナウイルスの第2波に見舞われていた。緊急事態宣言の発令には至らなかったが、人と人の間に距離を取るソーシャルディスタンスやテレワークなどの「新しい生活様式」が各地で続いた。

取材班の田中は8月下旬、東京・霞ケ関の中央合同庁舎5号館に来ていた。そのビルにヤングケアラー問題を所管する厚生労働省が入居している。うだるような暑さの中、ビルの前を行き来する人々は蒸れたマスクを仕方なく着けていた。

田中は、政治部の頃に取材した厚労省幹部と面会の約束をしていた。幹部の部屋に通されると、特別報道部の名刺を渡した。

「今はヤングケアラーの報道を担当しています」

渡した記事のコピーを、幹部は「へえ」と珍しそうに眺めた。毎日新聞は7月5日付朝刊の社説で「この問題は広く知られていない。国は自治体任せにせず、全国的な調査を早急に実施すべきだ」と論陣を張っていた。

「僕らも新聞を読むから何となく意識はしていたけど、少なくとも『ヤングケアラーの問題はこうなっています』という報告は上がってきていませんね」

幹部の言葉にあまり熱はなかった。

田中は話題を変えて、毎日新聞以外の報道も少しずつ増えていると説明した。

その少し前に放送された日本テレビ系のチャリティー番組「24時間テレビ」では、人気タレントが募金活動について考えるコーナーでヤングケアラー問題が紹介されていた。

「24時間テレビは見ないようにしているんですよ」と幹部は苦笑し、最後に「まずは勉強させてもらいます」と言った。

部屋を出た田中はため息をついた。

田中が接触した省庁など政府の上層部は、ヤングケアラー問題を知らないか、報道で知っているがよそのこと、という雰囲気の人が多かった。やむなく記者の方から問題の所在をあれこれ説明させられる羽目になる。これじゃあ取材というよりも、支援のための市民運動だな、と田中は思った。

霞ケ関のお尻を叩くのは永田町、というのが政治部時代の常識だった。そこでヤングケアラーに関して「自民党ケアラー議員連盟」をあたった。国会議員連盟（議連）は、有志議員が特定の社会問題について議論する任意の団体で、超党派で組織されることもある。議連は星の数ほどあり、その影響力は参加する議員の顔ぶれや人数、テーマの重要性によって全く異なる。有識者や官僚を呼んで勉強会を重ね、議員立法や政府への提言を作る有力な議連がある一方、議員同士が親睦を深める程度のサロンのような議連も存在する。

ケアラー議連は家族介護者（ケアラー）を支援する一般社団法人・日本ケアラー連盟の陳情窓口になっていた。議連の会長を務める衆院議員、河村建夫（麻生内閣の官房長官だった）は自民党の重鎮だ。温厚な人柄でとりまとめ役を頼まれることが多く、約100もの議連会長を引き受けていると言われる。

20年1月末、田中が取材した議連の主要メンバーは「ヤングケアラーに関心を持っている。何とかならないかなという思いはある」と語ったが、具体的な展望は描けていなかった。6月までの通常国会中に予定していた議連の総会は、新型コロナの影響で中止された。

それでも議連は6月2日、コロナ禍の中で家族を介護する人たちを緊急支援するよう、日本ケアラー連盟とともに政府に要望書を提出した。ヤングケアラー支援についても盛り込まれ、学業や生活困窮対策などの「特別な配慮」を求めた。厚労相の加藤勝信に要望書を渡した後、河村は普段通りの淡々とした口調で記者団に説明した。

「お孫さんがおじいちゃん、おばあちゃん（の面倒）をみているようなケースもあって、大変なことだ。理解と援助は学校とも関係するので、そういうことも含めて話した。厚労相は『政府としてできる限りの支援をしたい』と言っていた」

取材の最中、河村は隣にいた日本ケアラー連盟の代表者に「ヤングケアラーはどのくらいいると言われているんだっけ？」と尋ねる場面もあった。要望についての記事は田中が執筆し、毎日新聞のニュースサイトで配信された。

田中が厚労省幹部に説明したように、毎日新聞のほかにもヤングケアラー問題を取り上げるメディアが少しずつだが現れていた。ニュースとしてというよりも、インターネットメディアやテレビ、ラジオが情報番組の中で紹介するケースが多かった。

7月16日、インターネットテレビ局のアベマTVは「『親の介護をしながらでも行ける大学を選んだ』全国に約4万人もいる〝ヤングケアラー〟の実態は？」という特集を放送した。約4万人という数字は、毎日新聞が3月に報じた「15～19歳のヤングケアラーが推計3万7100人」というオーダーメード集計からの引用かもしれない。出演した人気お笑いコンビ「EXIT」メンバーのりんたろー。は介護士の経験があり、「僕はお金をもらっていたし、他人だから（介護が）できた。親が認知症になったら同じことができるかな」とコメントした。

東京MXテレビの情報バラエティ番組「田村淳の訊きたい放題」（7月25日放送）では、フリーアナウンサーの町亞聖が高校3年生で母を介護した自身の体験を語った。心配した知人の「おばさん」からから揚げをもらって、弟、妹と泣きながら食べたと明かしている。成蹊大の澁谷智子も解説者として出演した。

文化放送のラジオ番組「大竹まことゴールデンラジオ！」（8月11日放送）は、毎日新聞が放送当日の朝刊に掲載したケアマネジャーへの独自調査を取り上げた。番組パーソナリティーでタレントの大竹まことは「ちゃんと手を差し伸べてあげないといけないことが、国と地方には絶対ある」と訴えた。

日本テレビ系のチャリティー番組「24時間テレビ」(8月22、23日放送)もヤングケアラー問題を紹介した。民放キー局の地上波で流れたことで、多くの視聴者の目に触れたはずだった。NHKは朝のニュース番組「おはよう日本」(9月15日放送)で特集を組んだ。

思いがけない現象も起きた。宮崎駿監督のアニメ映画「となりのトトロ」が8月14日に日本テレビ系で放送されると、主人公のサツキがヤングケアラーなのかどうかをめぐって、SNS上でちょっとした論争が起きたのだ。

1988年公開の「となりのトトロ」は、宮崎によれば、まだTVもない1953年という時代設定だ。田舎に引っ越してきた少女サツキと幼い妹のメイが、不思議な生き物のトトロと交流する物語で、サツキが入院中の母親に代わって家族の食事を用意したり、泣きつくメイの世話に追われたりする描写がある。一方、地域のコミュニティーは健在で、父親が仕事で留守にしている間も、姉妹は近所の人たちに温かく見守られていた。

放送後、ツイッター上では「そのような時代があったのは事実だけど、美化で済ませてはいけない」とサツキの家族ケアの負担を気遣う声が上がった。一方で「フィクション作品に描かれた時代背景や登場人物の負う役割について、現代の視点から解釈を加えると作品が味気なくなる」という意見もあった。憲法学者の木村草太は「子どもたちと『となりのトトロ』を見た後、ヤングケアラーについて考える夜」と投稿した。取材班もツイッターアカウントを通じてこの話題に少しだけ参加した。

「テレビで『となりのトトロ』が放送され、主人公のサツキはヤングケアラーではないかと話題になっているようです。この作品で一つ言えるのは、ヤングケアラーを家族の外から見守る存在（トトロや近所のおばあちゃんなど）が必要ということだと思います」

国による全国調査へ

取材班はキャンペーン報道の続報に悩んでいた。田中は9月24日、大阪にいる元取材班の向畑に電話で相談した。キャンペーンをいつまで続けるべきかについても話したが、2人とも、初報から1年間、つまり21年春までは何とか続けたいと思っていた。向畑は田中を励まし、「国もそろそろ動いてくれたらいいのになあ」と言った。

自宅でのテレワークに戻った田中は、厚労省の虐待防止対策推進室に電話をかけた。手応えの薄かった厚労省幹部への取材からそろそろ1カ月がたつ。政府の動きを探る、あてのない作業の一環だった。

厚労省のその部署は、18年度と19年度の「調査研究事業」として、児童虐待などに対処する全国市区町村の要保護児童対策地域協議会（要対協《ようたいきょう》）に対して、ヤングケアラーの実態調査を行っていた。しかし18年度の調査では、そもそもヤングケアラーの概念を認識している要対協は全体の27・6％にとどまった。田中は電話に出た推進室の職員に、20年度もヤングケアラーの調査をするのか尋ねた。

「今年度もやる予定です」

職員は簡潔に答えた。

「要対協への調査では実態がわからないところがあるので、今年度は教育機関にアンケートなどをして、細かい実態をつかみにいければと考えています」

教育機関を対象にした国の調査は前例がない。田中は内心の興奮を声に出さないように、どの教育機関を想定しているのかと聞いた。

「中学、高校がメインになると思います。新型コロナ対応に追われる教育機関にこれ以上負担をかけられない、という意見もあるので、教育委員会と学校のどちらに回答を求めるかについて、文科省と相談します」

全都道府県の教育機関に調査をするが、具体的な調査の範囲や内容が固まるまでに1カ月ほどかかるという。実務を委託する業者の決定も控えていた。

田中はすぐにデスクの松尾に電話で報告した。他社が知れば先を越される、と主張した田中に、松尾は「どこをどう調査するのか、厚労と文科の調整がもう少し固まらないと、記事に具体性が出ない」と取材続行を指示した。ヤングケアラーを重要ニュースとして扱う報道機関はまだ少なく、毎日新聞が1面トップに載せても他社が反応しない「一人旅」は続いていた。他がそんなに熱心に取材するだろうか、というのが松尾の意見だった。それならもっと詳しく書けるタイミングを待とう。

1週間後の10月1日、田中は再び虐待防止対策推進室の同じ職員と電話で話した。職員は「まだ進展はない」と答えたが、他社の動向については「ちょこちょこと問い合わせがあります」と言った。田中は文科省にも電話を入れた。「どういう形で協力できるのかは今後詰めますが、調査は前向きに検討しています」と返答があった。

その3日後、10月4日は日曜だった。午後6時ごろ、自宅にいた松尾のスマートフォンが鳴った。紙面の編集長の当番だった編集編成局次長の斉藤信宏だった。

「厚労省がヤングケアラーの全国調査をする、と共同通信が流している」

毎日新聞も共同通信に加盟し、記事の配信を受けている。松尾はやられたと思いながら「うちも把握しています。すぐに原稿を出します」と答えた。斉藤は「せっかく今まで毎日新聞がやってきたテーマだから、今からでも1面を空ける」と言った。

田中は東京都内のホテルで友人の結婚披露宴に出席していた。スマホが鳴り、画面に松尾の名が表示されたのを見て「ひょっとしたら」と思った。話を聞いてタクシーに飛び乗り、急いで自宅に戻った。締め切りが迫っていたので、松尾が田中の代わりに取材メモを基に原稿を書いた。午後9時過ぎ、毎日新聞デジタルに「政府が中高生対象に初の実態調査へ」という記事が配信され、紙面は1面の左肩に突っ込んだ。

共同通信の記事は翌日、いくつかの地方紙が1面や社会面で大々的に掲載した。紙面の上では同着だが、あやうく「抜かれる」ところだった（他社に特ダネを書かれることを指す業界用語）。松尾は後日、「俺の判断ミスだ。すまなかった」と田中に謝った。直接のライバルである全国紙ではなかったが、1面に載せるところが出てきた。自分たちで「ヤングケアラーの存在を知ってほしい」と書いてきたくせに、ようやく世間が関心を持ち始めたことにピンときていなかったのか、と反省させられた出来事だった。

もともと取材班は、全国調査が本当に実態解明につながるのか、その課題を詳しく記事にしようと計画していた。「調査はした」という政府のアリバイ作りに終わっては意味がない。

ヤングケアラーの特徴の一つは「どうせ周りは理解してくれない」という諦めや、「人に知られたら恥ずかしい」という思春期の羞恥心などから、外部に窮状を伝えず、孤立しがちになることだ。精神疾患の家族を子どもがケアするケースでは、周囲と「断絶」する傾向が特に強い。

「ヤングケアラーについて、学校がどのくらい把握しているかわからない。小学校の教諭は児童と近いが、高校では担任教諭も生徒の家庭事情を知らない可能性がある」。そんな懸念の声は一部の政府関係者からも漏れていた。

「先生に相談したところで、どうせ」

横浜市の坂本拓（29）は、うつ病とパニック障害の母を支えた元ヤングケアラーだ。

坂本は中学2年生のある日の夜、自宅のリビングで手首から血を流す母を発見した。近くに包丁が落ちていた。母が自分で自分を傷つけたと気づいた。サイレンを鳴らさずに到着した救急車の中で母は処置され、病院に搬送されることはなかったが、なぜリストカットをしたのか説明してくれなかった。それが母を支える坂本の生活の始まりだった。

その後、母が再婚していた相手が別居し、4歳上の姉も家を出て行った。「死にたい」「お金がない」と繰り返す母を、坂本は「大丈夫、一緒にやっていこう」と深夜まで励ました。母が調子の悪い日に作ったカレーライスは、いつもと違う味がしておいしくなかった。母の代わりに料理や買い物などの家事を坂本がする日が増えた。過呼吸に陥る母の手をぎゅっと握って呼びかけた。「僕の目を見て。一緒に深呼吸しよう」。子どもなりに考えた、母を落ち着かせる方法だった。

高校生になった坂本は、アルバイトでためたお金でオートバイを買った。友達とツーリングに行くのがなによりも楽しく、将来は車やバイクの整備士になりたいと思っていた。母の病名を告げられたのはその頃だ。自分で調べても、どんな精神疾患かよくわからなかった。高校を卒業した後、整備士の夢を諦め、母をサポートするために精神保健福祉士の専門学校へ進もうと決めた。

教師や友達に母のことを相談したことはない。「相談したところで、どうせ誰にも理解されない」。よその人に知られたくないという母の心情と、精神疾患に対する世間の偏見をわかっていたからだ。学校の友達には「お母さんは元気に仕事をしている」と嘘をついた。中学では陸上部の部長まで務めて平静を装い、担任の教師は母を交えた三者面談でも異変に気づかなかった。坂本は専門学校を卒業し、精神障害者の福祉施設に就職した。母は、これからは自由な人生を歩んでほし

幼少期のアルバムを見て母をケアしていた当時を振り返る元ヤングケアラーの坂本拓

いと坂本に言い、息子と離れて暮らすようになった。

「学校の管理職が把握する程度の情報しか集まらないとすれば、ヤングケアラーの問題は表面化しないと思います」

政府の全国調査について、坂本は懸念を口にした。子ども本人に聞き取る必要があるという考えだった。現在、精神疾患の親を持つ人たちの自助グループ「こどもぴあ」代表になっている坂本は、同じ境遇の若者に関わってきた経験もある。「しぶとく付き合ってくれた先生に、親のことを話せた人もいる。最低でも、子どもに近い担任や養護教諭に詳しく聞いてほしい」と政府に求めた。


「ヤングケアラーかな、と思うような子に年間で10人ほど出会います」

関西の中高一貫の進学校で養護教諭をしている女性はそう明かした。いわゆる「保健室の先生」として、生徒の健康状態をよく知る立場にある。生徒の遅刻や授業中の居眠りなど、生活習慣の乱れ、心身の不調などが「気づき」のきっかけになるという。

そうした生徒には、担任教師の協力を得た上で、保健室で休息の時間を提供したり、宿題の量などを配慮したりしている。ある生徒は、精神疾患の母に代わって障害のあるきょうだいのケアを担い、慢性的な睡眠不足になっていた。その子には保健室のベッドを使わせた。

ただ、生徒の生活面を含めた支援に消極的な教員もいる。この養護教諭の女性は「家庭の事情に介入する怖さ、不安を感じてしまう。どうしていいかわからない手詰まり感があります」と漏らした。

別の学校の養護教諭の女性は、教員の間の意識差が「支援の壁」になっていると指摘した。祖母の介護が理由で遅刻してしまった生徒に「介護は遅刻の理由にならない」と指導する教員もいるのが現実だという。この養護教諭は学校に頼んで研究者を招き、教員向けの研修をしてもらった。「ヤングケアラーという社会問題を知り、子どもを傷つける大人の発言を減らすことから始めています」と話した。

学校はヤングケアラーたちの数少ない居場所となりうるが、福祉との連携など、組織的な支援体制は整っていない。ヤングケアラーに関する啓発も始まったばかりだ。そのため、子どものSOSへの対応や支援は、気づいた個々の教員の判断に委ねられてしまう場合が多い。

教育と福祉のパイプ役として期待されるスクールソーシャルワーカー（SSW）も、葛藤を抱えている。SSWの配置や人数は自治体によって異なるが、東京都のあるSSWの女性は、1人で小中学校を何校も担当しているという。「ヤングケアラーを早期に発見・支援したいが、難しい」。学校がSSWに相談するまでに時間がかかり、「相談の時点で、学校と家庭の関係がすでにこじれているケースも珍しくない」と言った。

全国調査の課題として、坂本や学校関係者らの期待や懸念を分析した記事は、11月4日付の毎日新聞朝刊3面「クローズアップ」として掲載された。

〝初の全国調査へ　声上げぬ子、どう把握〟

小学生時代から双極性障害（そううつ病）の母と過ごし、「友人や先生に相談したくても、家族から『誰にも話さないで』と口止めされていた」という静岡県の20代女性の体験談も記事にした。さらに大阪歯科大の濱島淑恵らの研究グループによる、学校と子どもの間のギャップを示した調査結果を取り上げた。16年に大阪府の公立高11校の教員138人に調査をしたところ、担任を受け持つクラスで「この子は家族のケアをしている」と感じる生徒の数は全体の1・5％（77人）だった。ところが、10校の生徒5246人に直接尋ねると、ヤングケアラーが5・2％（272人）に上っていた。このギャップは、教員が把握していないヤングケアラーが相当数いるということを意味する。

過去に行われた中で自治体による最初の調査とされているのは、14年の東京都世田谷区だ。日本ケアラー連盟が区内の居宅介護支援事業所の22％が「ヤングケアラーがいる家庭と契約中」と答えた。日本ケ

ヤングケアラーをめぐる主な先行調査

時期	対象	調査地域・数	結果		実施者
2014年	居宅介護支援事業所	東京都世田谷区 164事業所	ヤングケアラーがいる家庭と契約中	22%	世田谷区
15年	小中学校の教員	新潟県南魚沼市 271人	ヤングケアラーと感じる児童・生徒に関わった	25.1%	日本ケアラー連盟
16年	小中・特別支援学校の教員	神奈川県藤沢市 1098人	ヤングケアラーと感じる児童・生徒に関わった	48.6%	日本ケアラー連盟
	高校の教員	大阪府 138人	家族のケアをしていると感じる生徒	1.5%	濱島淑恵・大阪歯科大准教授ら
	高校生	大阪府 5246人	ヤングケアラーと回答	5.2%	濱島准教授ら
18～19年	要保護児童対策地域協議会	全国 849自治体	ヤングケアラーの概念を認識していない	72.1%	厚生労働省
	高校生	埼玉県 3917人	ヤングケアラーと回答	5.3%	濱島准教授ら
20年	総務省の就業構造基本調査から独自集計(オーダーメード集計)		家族を介護する15～19歳	全国に推計 3万7100人	毎日新聞
	ケアマネジャー	全国 1303人	ヤングケアラーがいる家庭を担当した経験あり	16.5%	毎日新聞、インターネットインフィニティー社
	高校2年生	埼玉県 約5万5000人	11月に公表		埼玉県

アラー連盟は、15年に新潟県南魚沼市、16年には神奈川県藤沢市の教員を対象に調査をしている。だが、自治体や研究者の調査は地域や対象が限られており、はがゆさを募らせた関係者の間では、政府に全国の実態調査を求める意見が強まっていた。

11月17日の参院文教科学委員会。国民民主党の伊藤孝恵参院議員が、政府の全国調査の手法について萩生田光一文科相に質問した。伊藤は毎日新聞の一連の報道より以前から、成蹊大の澁谷智子に教えを請うなど、ヤングケアラーの問題に関心を寄せていた数少ない国会議員の一人だった。

伊藤　11月4日付の毎日新聞の記事です。まさに実態把握の難しさを示唆しております。来月には（全国に）調査票をお配りになるそうですが、現在計画されているのは、各教育委員会を通じた学校への聞き取り調査のみと聞いております。最低でも担任、養護教諭、場合によっては児童生徒に対し、個人情報に十分配慮した形での調査も検討すべきと思いますが、いかがでしょうか。

萩生田　学校への聞き取りだけでは十分な把握は困難と私も思います。この点につきましては、厚労省からも、学校を通じ、この際、児童生徒に直接アンケートを行う方向で検討していると承知しておりまして、文科省としては、引き続き厚労省と連携しながら、児童生徒に対し、調査の趣旨や調査結果の活用方法を丁寧に伝えるなど、ヤングケアラーの実態をより明らかにできるような調査方法等について検討を進めてまいりたい。

萩生田が「厚労省も検討していると承知している」と伝聞調で答えたのは、全国調査の主体である厚労省の方針を文科省が断言できないという「縦割り」の事情によるものだろう。しかし、学校だけでなく子ども本人にも聞き取りを行うというこの答弁は、政府が事実上、方針を転換したことの表明だった。毎日新聞は翌日の朝刊2面でこの答弁を報じた。

政府が全国調査に乗り出すことになったのは、ヤングケアラーの実態解明の上で大きな一歩と言える。ただし調査結果がまとまるのは、数カ月後の21年春の見込みだった。実態はどこまで明らかになるのか、結果を受けて政府がどう動くのかは予断を許さなかった。

母を殺さなかった少女

母を殺したい。

中学1年の時に母から受けたビンタが全ての始まりだった。

マドカ（仮名）は好物のアイスを食べ終わり、使い捨てのスプーンをごみ箱に投げ入れた。ただそれだけのことで、母が突然マドカのほおを張った。

「えっ、なんで？　なんで？」しかられる覚えはなく、ぼうぜんと立ち尽くした。


母は44歳でマドカを産んだ。父はマドカが10歳の時に病で亡くなり、仙台市で2人暮らしになった。社交的な母は自宅にママ友を招いたり、陶芸、パン作りを教えたりしていた。家には多くの人々が出入りした。

その母の異変は「アイス事件」だけでは終わらなかった。

マドカが洗濯物を干したそばから、どうしてか母が取り込んでしまう。乾いてないのに何をしてるの？「やめて」と母に言った。今度は往復ビンタが飛んできた。

母は、言いたいことをうまく言葉にできなくなっているようだった。そして日常的に娘に暴力を振るった。

ある日、母はものすごい勢いでマドカを罵《ののし》った。「あんたなんか人の子じゃない、鬼の子だ！」お母さんの子だよ、とツッコミを入れるとまた殴られた。

ある日は殴る蹴るした後、泣いているマドカに、母はきょとんとして「どうしたの？」と尋ねた。

マドカは反発した。深夜まで母と罵り合い、殴られる日々が始まった。お互いに力尽きると電池が切れたように眠る。毎日その繰り返しだった。

次第に母は身の回りのことができなくなった。焦げた食事を出され、「これ、食べるの？」と聞くと殴られた。

マドカは洗濯や買い物、食事の準備を手伝った。ポン酢をかけたうどんか、冷凍食品のドリアばかりだったような気がする。別居している姉が心配しておかずの作り置きをしてくれた。ありがたく少しずつ食べた。

母と深夜まで争うから、朝は起きられない。学校に遅刻するのが日常茶飯事になった。

「給食が食べられればそれでいいや」

中学の教師からは問題児扱いされ、よく呼び出されて説教された。息抜きに音楽を聴きながら自転車で登校して、音楽プレーヤーを没収された。同級生ともしょっちゅうケンカをした。今思えば、我ながら、心のとがった嫌なやつだった。

学校でしかられる度、いっそ全部吐き出してしまおうかと思う瞬間があったが、打ち明けてもどうにもならないという諦《あきら》めがまさった。

家庭訪問の日、家は灯油が切れて寒かった。電気も切れていたかもしれない。教師と母の会話はもちろんかみ合わなかった。

それからその教師は少しだけ優しくなった。

「不良の親の顔を見てやろう」と乗り込んできたのに、あまりに悲惨でかわいそうになったのかな？　同情されるっていいもんだな、とマドカはちらっと考えた。ただ、状況は何も好転せず、教師たちはあいかわらず「頼れる大人」ではなかった。

「助けて！」夜中、母と争うマドカの悲鳴は隣近所に響いたはずだが、近所の人に何か助けてもらった記憶はない。あれほど多かった人の出入りもぱったり無くなった。回覧板、ゴミ出しの後の掃除当番など、マドカの家庭は町内会の決まりにうまく従えなくなり、結果として「地域で浮いて」いた。

救いは20歳ほども年の離れた兄や姉の存在だった。それぞれ独立して家を出ていたが、

「母の様子がおかしい」と病院に連れて行ってくれた。

50代後半だった母は「ピック病」と診断された（これは当時の呼称で、今なら前頭側頭型認知症）。でも、病名が付いたところで、マドカの生活そのものは何も変わらなかった。


友達にも相談できなかった。

給食がない日、母が作った弁当のふたを開けると、冷凍のミックスベジタブルだけがぎっしり詰まっていた。誰にも見られないようにこっそり食べた。

母は日中だけデイサービスを利用していた。ある時、同級生に聞かれた。

「マドカのお母さんってデイサービスに行ってる？」

その子は、私のお母さんがそこで働いてるんだ、と言った。

恥ずかしい、恥ずかしい、恥ずかしい。消えたい、消えたい、消えたい。

〝親がまともじゃない〟なんて知られたくなかった。普通の子でいたかったのに。中学生の小さなプライドが音をたてて崩れた。

でも、その子はそのことを誰にも言わず、マドカをバカにすることもなかった。

学校から家に帰れば母とマドカ、2人きりの生活が続く。母の暴力や暴言はやまなかった。

今見ているのが天井なのか床なのかもわからないほど、毎日打ちのめされた。

妄想ともつかない考えが頭に浮かぶようになったのは、その頃だっただろうか。母がベッドに横たわって死んでいる。隣に立つ自分は虚脱して全身に力が入らない。そんなイメージがマドカの頭を占領した。

「殺そう」。もう終わらせたかった。律義なもので、その時は自分も相応の罰を受けるべきだと思っていた。母を殺して自分も死のう、それで「落とし前」をつけよう。

授業中、母を殺す方法をじっと考えた。以前にニュースなどで見た知識を振り絞った。

①風呂に沈める。浴槽のふたを閉める。

②母の顔を枕に押しつける。

③ガス栓を開いて一緒に死ぬ。

インターネット検索がまだそこまで普及していなかった時代、ガラケーの中学生に思いつくのはそれが限度だった。結局、実行しなかった。

ふと、子どもの悩み相談ダイヤルに電話してみようと思ったことがある。学校で配られたプリントにそんな案内があったような気がした。ところが、電話の受け付けは「平日の午前9時から午後5時まで」だった。

ものすごく腹が立った。誰がそんな時間に殺したくなるかよ。殺したくなって、死にたくなるのは夜中だよ！

しかし高校に入ると転機が来た。マドカは姉の家に身を寄せる日が増えた。実家に戻ってきた兄が母の介護の大半を引き受けてくれた。「○○さん（母の名前）、ご飯ができましたよ」。母に敬語で接する兄を、不思議な気持ちで眺めた。

高校の授業で、何かの作文に家族のことを書いて提出した時のことだ。「ちょっといい？」国語の教師から個人的に呼び出された。マドカの家の事情を聴くと、教師は顔色を変えてすぐに言った。

「きょう学校が終わったら、地域包括（支援センター）に行こう」

地域包括ってなんだろう？　いきなり言われてピンとこなかった。その「ちょっと熱血」な教師があれこれ世話を焼いた結果、母の入院が決まった。その教師が神さまに見えた。

27歳になった今も、母に対しては複雑な思いを抱えたままだ。それは病の進んだ母がマドカのことを忘れてしまったことが影響している。

父を早くに亡くし、きょうだいとも年の離れたマドカは、母の愛情を一身に受けて育った。母に「きょうだいの中で誰が一番好き？」と無邪気に尋ねる子だった。かつて、母に愛されているという自信があった頃のことだ。

高校に入って母と別々の時間が増えると、間もなく母はマドカのことがわからなくなった。こんなに簡単に忘れるのか、と衝撃を受けた。生まれてきたことさえ否定された、という気がした。

「絶対、許さない」。このとき湧いた感情をずっと引きずっている。その後、母は施設や病院で暮らしたが、訪ねて行く気にはならなかった。「大好きなお母さん」という感情は最期まで戻らなかった。

19年11月に母は亡くなった。

葬式に同級生の母親が2人来た。マドカは知らなかったが、その2人は母の病院にも見舞いに行っていたらしかった。

「たくさんの人がマドカちゃんのお母さんにお世話になったの。それは忘れないでね」

そういえば、お母さんが病気になる前、うちは人がいっぱい来る家だったなあ。「明るく輝いていた」時の母を知る人の言葉がとても新鮮に響いた。

大学でマドカは福祉を学んだ。なぜその道を選んだのか、自分でもうまく説明できない。卒業後、介護老人保健施設を経て、東京都内のグループホームで管理者として働く。介護する側とされる側、その家族を客観的に見る立場になって、自分の過去を振り返ることがある。

認知症の母はブルーベリージャムでご飯を炊いてしまったり、マドカには小さすぎる子ども用の布団を用意してしまったりした。母なりに「母親でありたい」ともがいていたのかもしれない。暴力や暴言は、言葉がうまく出てこないなりに苦しんでいたのかもしれない。

「パート先でうまく働けない」と母は悲しんでいた。その時はもう認知症が始まっていたのかもしれない。それでもマドカのために働こうとした。「今思えば」は山ほどあった。

歯磨きの仕方、自転車の乗り方、そして生きるすべを身につけさせてくれたのは母だった。華やかで活発な母のことが、やっぱり好きだったのだ。


マドカの勤め先のグループホームでは、利用する高齢者のために新聞をとっている。20年3月のある日、誰かが毎日新聞を開いていた。めったに新聞を読まないマドカだが、たまたまその見出しが目に入った。

介護する子？　ヤングケアラー？

「おばあちゃん、ちょっと待って。その新聞ちょうだい」。思わず声をかけた。取材班のキャンペーン報道の最初の記事だった。これ、まるで私だ。「子どもによる家族ケアは美談ではない」という識者のコメントが印象に残った。

マドカは、切り抜いた新聞記事や姉から改めて聞いた話のメモを携えて取材に臨んだ

その後はヤングケアラーの記事に気づく度に切り抜いた。ところどころ蛍光ペンで線を引いて読み込んだ。ネットのニュースも注意して見るようになった。半年後、思い切って取材班にメールを送った。

20年の10月中旬、駅の改札前で初めて会ったマドカは、カジュアルな装いで肩にトートバッグをかけていた。緊張からか表情は少し固かったが、話し方は親しみやすく、飾らない人柄を感じさせた。駅に近いファミリーレストランで話を聞くことになった。

マドカはトートバッグから、毎日新聞の切り抜きが入ったクリアファイルを取り出した。「読んだ時、これはヤバいって思いました」と笑った。取材を受ける人には珍しく、テーブルにノートを広げてメモを取った。綺麗《きれい》な字だった。

「本当に、毎日、毎晩、母親を殺そうと思っていたんで」。話は尽きず、別の日も、また別の日も同じファミレスで会った。インタビューは合計10時間に及んだ。

マドカと2回目に会ったのは、神戸市のAが起こした介護殺人の記事が配信された直後だった。毎日新聞神戸支局が執筆した記事を読んで、介護する家族に殺意を抱くほど追い詰められたAを自分に重ね、かつての自分が呼び起こされたと言った。

中学生の頃のマドカも、誰にも相談できなかった。姉がやりとりをしていたケアマネジャーは見慣れない「大人」で、会う度に緊張してしまったという。もしAが相談してきたら何を言ってあげられただろう、と自問していた。

「Aは周りが見えなくなっていたんだと思う。幼いと自分の世界は狭い。それだけが全てだと思ってしまうんですよ」

「子どもの知識の無さをなめちゃいけない。はんぱなく知識が無い。だから『助けて』と外の世界に手は伸ばせない」

独特の言い回しでマドカは熱を込めた。

SNSやネットニュースのコメント欄でAの親族が中傷されていることに、マドカは心を痛めていた。「一緒に介護しても、一緒に疲れ果てていたかもしれない。家族を責めるだけでは事件はなくならないですよね」

Aの祖母を施設にぶちこめ、と罵倒するネットのコメントには怒りを隠さなかった。

「Aのおばあちゃんは家で暮らしたかったんでしょ？　家族も福祉の人も、じゃあ施設で、と簡単には割り切れない」

介護を家族だけで抱え込む必要はない、と自分も専門家になったマドカは理解していた。バランスを取って介護計画を考えるのが福祉の仕事のはずだ。専門家たちはいったい何をしていたの？　彼女はそう言うと歯がゆそうな顔をした。

そして「また間に合わなかった」と悔いていた。福祉の仕事に携わる自分ももっと何かできたんじゃないか――。繰り返される介護殺人や虐待事件に、福祉や医療の力不足を感じるという。福祉の知識を得て、施設で高齢者と接した実感があった。介護現場は創意工夫に満ちていて、介護する方も、される方も笑顔になれる。

27歳のマドカは、介護とはつらいだけのものではない、と思うようになっていた。

「私は母を理解してあげられなかった後悔がある。それと、中学生の頃の私に手を差し伸べられるような人間になりたい」

あなたはなぜ、お母さんを殺すことを思いとどまったんですか？

そう問うと、マドカは言葉を一生懸命探していた。

「勇気がなかったのかもしれない。人を殺すからには、自分も死なないといけないと思っていたから」「いや、勇気って言うとちょっと違うかも……」「神戸の人よりも、私は少し周りに恵まれていたのかもしれない」

あの頃は未来が全く見えなかった。明日も明後日もこうなんだ、と生き延びることで精一杯だった。神戸の人もそうだったんじゃないか。

故郷を離れ、高齢者グループホームで働くマドカ。商店街でホームに飾る花を買うこともある

「殺し方を考えている間は、たぶんやれない。介護をやっていると、ふっと真っ白になる瞬間があるんですよ。その時に彼女は殺しちゃったんだなって思う。当時、真っ白になる瞬間があったら私も殺していたと思う」

しかし、母の暴力に暴力でやり返すことだけはしなかった。

今になって、それが自分を人間としてつなぎとめてきたように感じている。マドカはぽつりと言った。

「あの時、母を殺さなかった自分に感謝しています」

11月の良く晴れた日、マドカと一緒に商店街を歩いた。ある花屋の前を通りかかると、マドカは笑って店を指した。

「グループホームに飾る花をここで買ったんです。すっごく高かった」

彼女の半生を描いた記事は、この時に撮影した写真とともに毎日新聞に掲載された。写真が後ろ姿なのは、取材班の判断で記事を仮名扱いとしたからだ。

その写真からはわからないけれど、マドカの顔は穏やかで明るい。

第4章

1クラスに1人いる

埼玉県ケアラー支援条例

2020年3月6日に開かれた埼玉県議会の委員会で、ある条例案が審議された。

「無償で介護や看護をする方が自分を見失うことがないように、孤立することがないように、この条例案を提案する」

そう説明したのは提案者の一人、埼玉県議の吉良英敏（自民党）だ。吉良は、埼玉県では後期高齢者の人口が全国で最も速いスピードで増えていくこと、県民には核家族世帯の割合が高いこと、医療に近いケアの必要な子どもや脳に障害をもった人のことなどを挙げて、家族による介護がこれから県の大きな課題になる、と説いた。

吉良たち県議有志が提案していたのは「埼玉県ケアラー支援条例」。ケアラーとは高齢、障害、病気で援助が必要な身近な人に「無償で介護、看護、日常生活上の世話、その他の援助を提供する」人たちのことを指す。条例案は、全てのケアラーが「健康で文化的な生活を営むことができる社会を実現する」ことを目的とし（第1条）、彼らを社会全体で支えるという理念を記した。さらに、18歳未満のケアラーを特にヤングケアラーと定義し、全国の都道府県で初めて支援を明記していた。

提案者ではない別の県議が質問に立った。

「ヤングケアラーは、さらに細かく定義することも考えられる。そのあたりの議論を聞かせてほしい」

吉良は「ごもっともな意見だ」と同意して続けた。

「例えば小学生と高校生の（ヤングケアラーの）ニーズは違う。しかしヤングケアラーは非常に多様で、全てのケースを条例に網羅して規定するのは難しい。実態調査を進めた上で、ヤングケアラーの中身についていてさまざまな検討がなされるべきだ」

条例案は、ヤングケアラーの年齢を児童福祉法が定める児童（子ども）に合わせて18歳未満と定め、特別に条文を設けた。第3条では、18歳未満の子どもは「社会で自立的に生きる基礎を培い、人間として基本的な資質を養う重要な時期」だという問題意識のもとに、「適切な教育の機会を確保し、心身の健やかな成長、発達、自立が図られるように（支援が）行われなければならない」と明記した。成立後は県がケアラー支援計画を策定することになる。県内の学校や教育委員会には、ヤングケアラーの教育状況や健康状態、

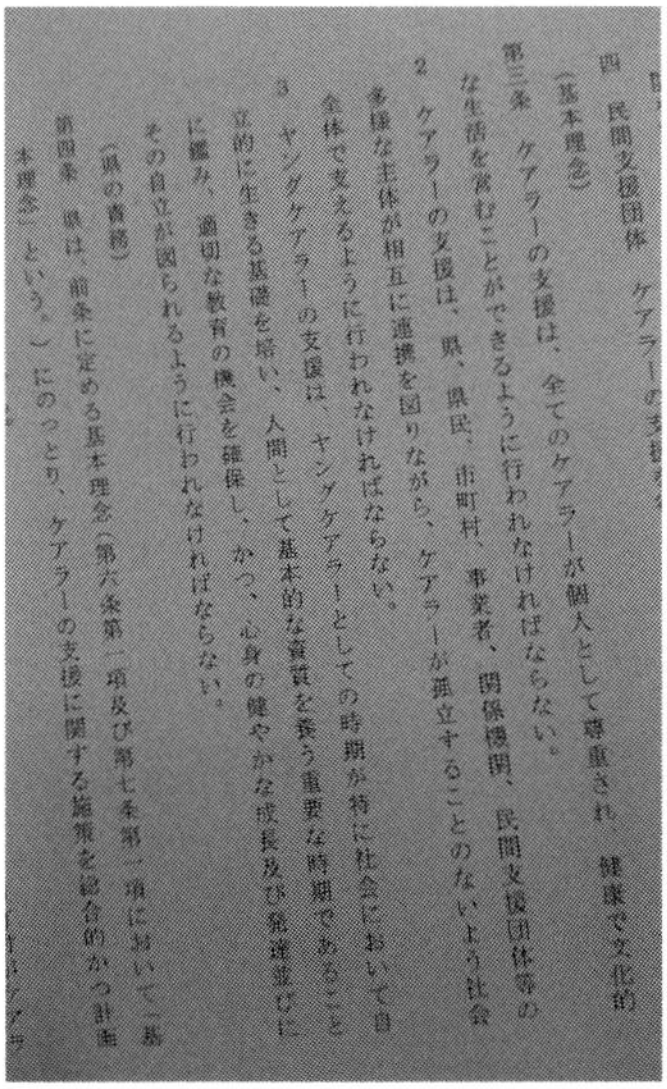
四　民間支援団体　ケアラーの支援
（基本理念）
第三条　ケアラーの支援は、全てのケアラーが個人として尊重され、健康で文化的な生活を営むことができるように行われなければならない。
2　ケアラーの支援は、県、県民、市町村、事業者、関係機関、民間支援団体等の多様な主体が相互に連携を図りながら、ケアラーが孤立することのないよう社会全体で支えるように行われなければならない。
3　ヤングケアラーの支援は、ヤングケアラーとしての時期が特に社会において自立的に生きる基礎を培い、人間として基本的な資質を養う重要な時期であることに鑑み、適切な教育の機会を確保し、かつ、心身の健やかな成長及び発達並びにその自立が図られるように行われなければならない。
（県の責務）
第四条　県は、前条に定める基本理念（第六条第一項及び第七条第一項において「基本理念」という。）にのっとり、ケアラーの支援に関する施策を総合的かつ計画

埼玉県ケアラー支援条例。身近な人の介護・世話をするケアラー全体の支援や県の責務を明記し、18歳未満のヤングケアラーは特に条文を設けた

生活環境を確認し、必要な相談や支援機関への取り次ぎなどが求められる。県民に対しても、ケアラーへの理解を深めることや、彼らの孤立を防ぐ配慮を要請していた。
「とても大事な条例だ。全国のモデルになった方がいい」
「県内の実態を把握する必要がある。県立高校でヤングケアラーの調査も可能だ」
委員会に出席した各会派の県議は、条例案にこぞって賛成の意向を示した。

県当局ではなく、普段なら質問する側の吉良が県議会で答弁者を務めたのは、この条例案が議員提案だったからだ。

そもそも条例とは、憲法第94条などに基づき、地方自治体が議会の議決を経て制定する「暮らしに身近なルール」とでも呼べるものだ。むろん法律・政令などの法令は超えられないが、自治体や住民らに義務・罰則を科すこともできる。埼玉県ケアラー支援条例案は、ヤングケアラーを含むケアラー支援を理念に掲げ、県などに具体的な実行を求める一方、違反しても罰則のない努力義務にとどめる、いわゆる「理念条例」だった。

地方議員による条例の提案は珍しい。自治体の議会では、与党会派が首長らと先に水面下で相談し、自治体が作る条例・政策にあらかじめ自分たちの意見を反映させるのが一般的だ。全国都道府県議会議長会によると、20年に47都道府県で成立した条例のうち、都道府県当局が議会に提出した知事提案が約2600件あったのに対して、議員提案は89件に過ぎなかった。そして議員提案の場合、当局ではなく提案した議員自身（ケアラー支援条例なら吉良たち）が、他の議員の質問に議会で答弁し、可決・成立を「お願い」することになる。

ではなぜ、埼玉県議が全国初の条例案を提出したのか。

きっかけは家族介護者を支援する一般社団法人・日本ケアラー連盟が国会議員に法制化を要望したことに始まる。2010年に発足した連盟は、国会の自民党ケアラー議連に「ケアラー支援法」の制定を求めたが、機運は一向に高まる気配がなかった。

議連の事務局長は、埼玉県選出の衆院議員である野中厚が務めていた。野中の仲介で、自民党埼玉県議団が条例化を検討することになった。法律にするのが難しいなら、まず自治体の条例からという発想だったのだろう。県議団は19年6月、条例制定のプロジェクトチーム（PT）を設置した。

PTの事務局長に就いたのが、県議2期目の若手だった吉良だ。真言宗の寺院に生まれ、僧侶の資格を持つ吉良は、政界の重鎮・小沢一郎に秘書として約10年仕えたこともある。PTは連盟や研究者らにヒアリングを重ね、県とも調整して条例の内容を詰めた。

自民県議団が条例制定を引き受けた背景には、埼玉特有の政治事情もあった。埼玉県議会で多数派を占める自民は、前知事の上田清司に続いて、19年の知事選で自民候補を破った知事・

大野元裕とも距離を置いている。そのため、積極的な議員提案で知事側と差別化を図り、県民に実績としてアピールするケースは珍しくなかった。

毎日新聞の取材班もそうした動きをつかんでいた。

19年12月7日、日本ケアラー連盟が東京都文京区のビルで「ケアラー支援フォーラム」を開き、吉良らが講演した。会場には、ケアラー支援に関心を持つ地方議員たちのほか、元ヤングケアラーの姿もあった。取材班から向畑泰司と田中裕之が参加した。岡山県から来た看護師の女性(36)は、統合失調症の母を支えた経験を持ち、名刺には「ヤングケアラーの体験を意味あるものに」と印刷されていた。この時点で、県議団はケアラー支援条例の骨子案を作っていたが、まだヤングケアラーの項目が盛り込まれていなかった。

「ヤングケアラーの支援にも取り組んでください」

講演で骨子案を紹介した吉良に対して、会場からそんな要望の声が上がった。向畑の取材に対して、吉良は「ぜひ条例案に盛り込みたい」と明言した。

条例案は県議会の委員会で可決され、成立の見通しがついた。そのタイミングで、取材班は「介護の子、支援条例　全国初、埼玉県制定へ」と報じた(3月26日付朝刊)。その4日前に総務省調査の独自集計をヤングケアラーキャンペーンの第1弾として記事にしており、取材班は、埼玉県限定のローカルニュースにしないよう編集局内で訴えた。「条例制定へ」は東京本社版の6面に掲載され、全国ニュースとして扱われた。

支援の法制化を求める日本ケアラー連盟の代表理事、堀越栄子（日本女子大名誉教授）が、将来への期待を込めて記事にコメントを寄せた。

「家族による介護を当然視する日本社会で、ケアラー全体を支援対象とする条例案は画期的だ。特にヤングケアラーは早期発見が重要なため、子どもが長い時間を過ごす学校の役割が明記された点は大きい。子どもから高齢者まで介護に関わらざるを得ない状況は全国共通であり、政府も支援の法制化に取り組んでほしい」

埼玉県ケアラー支援条例は、3月27日の県議会本会議で全会一致で可決、成立した。取材班は翌28日付の朝刊に記事を出稿した。条例の内容を詳報した上で、埼玉県がヤングケアラーの実態調査を検討していることも報じた。

〝実態把握、教育支援へ　埼玉、全国初の条例成立〟

この記事では、様子見を続ける日本政府と対比するため、海外のヤングケアラーに関する法制度や支援策についても紹介した。

支援の先進国である英国は、14年に成立した「子どもと家族に関する法律」で、ヤングケアラーを「他の人のためにケアを提供している18歳未満」などと定義している。英国では18歳が成人年齢だ（日本でも、成人年齢を20歳から18歳へ引き下げる改正民法が22年に施行される）。英国のこの法律は、自治体に実態の把握を義務づけるほか、子どもや親から申し出がなくても自治体が「必要」と判断した場合、どんな支援サービスで負担を減らせるかを査定（アセスメント）することを認めている。

英国でヤングケアラーが注目されたのは、社会保障制度を立て直すために在宅福祉が推進された1980年代とされる。88年にサンドウェル市の教職員が25の中学校で行った調査で、95人のヤングケアラーが発見された。英政府は96年に初の公式調査を実施し、英国内に1万9000～5万1000人いると推計した。さらに2011年の国勢調査を基に、イングランドだけで16万6363人の存在が報告された。

00年からは、全英の中学生以上の当事者が集まる「ヤングケアラー・フェスティバル」が年1回開かれている。広大な敷地にテントを張ってキャンプし、さまざまなレクリエーションを楽しみながら、ヤングケアラーたちが自身の体験や要望を語り合うイベントだ。近年では約1500人が参加しているといい、集まった意見を、英政府や医療サービスの関係者が支援政策に反映させている。

20年1月25日、成蹊大の澁谷智子を中心とする勉強会が都内であった。その場に出席した英国の支援団体の担当者、ヘレン・リードビターはこう語った。

「ヤングケアラー・フェスティバルで、私たちはヤングケアラーたちが何を優先順位に置いているのか、生活を楽にしてくれるものは何なのかと尋ねました。

その答えは、家族の障害やケアラーに対する理解だったり、資金提供だったり、自分が休みを取れるための手伝いだったり、さまざまでした。最も大事なのは、ヤングケアラーの声を聞くことです。必要な支援は一人ずつ違います」

研究者の先行調査

一方、埼玉県や政府、そして取材班のキャンペーン報道よりも以前から、一部の研究者が、ヤングケアラーの実態調査を進めていた。前の章でも紹介した大阪歯科大の濱島淑恵らの研究グループだ。調査の範囲に限界があったとはいえ、世間の大半がまだヤングケアラーのことを知らない中での、貴重な先行調査だった。

時は2016年にさかのぼる。研究グループは大阪府の公立高10校の生徒に対し、学校を通じた実態調査を行った。5246人から回答を得た結果、「約20人に1人」にあたる272人(5・2%)がヤングケアラーであることがわかった。毎日新聞は、大阪本社がこの調査を18

年1月18日夕刊の1面トップで報じている。高校生という当事者の子ども本人を対象とした、初めての大規模なアンケート調査だったとみられる。

濱島は次の調査に協力してくれる高校を全国で探した。偶然知人を通じて出会い、調査に理解を示してくれたのが埼玉県の高校関係者だった。埼玉県内の公立高11校が濱島の申し出を承諾し、18年11月〜19年3月に調査が行われた。その後に取材班を発足させた向畑と田中は、濱島と面識を得て、調査結果を待つことにした。

埼玉は大阪と同じく都市部が多く、核家族化も進行している。家族をケアする子どもがやはり孤立し、生活に支障が出ている可能性があった。

「2つの地域で同じような結果が出れば、国内のヤングケアラー問題にとって重要な指標になる」。それが取材班メンバーの共通認識だった。

20年5月、濱島らが集計・分析を終えた調査結果のメールがようやく田中に届いた。

それによると、公立高11校で得られた有効回答3917人に対し、541人（13・8％）が「家族に介護、手伝い、精神的サポートを必要としている人がいる」と回答。そのうち241人（全体の6・2％）が「自分がケアをしている」と答えていた。

ただし、その241人のうち35人には、障害や病気などのある家族がおらず、「幼いきょうだいがいる」という理由だけでケアをしていた。きょうだいの世話をする高校生の中に、重い負担が生じているケースがあることは濱島も当然理解している。しかし、個々の生徒の事情がわからない中で、ヤングケアラーかどうかを調査結果だけから判別するのは難しいと考えて、泣く泣くこの35人を集計から除外した（大阪の調査でも同じ方法を取っていた）。その結果、埼玉調査では、差し引き206人（5・3％）がヤングケアラーと判断された。

206人がケアをする頻度は「毎日」が66人で最も多く、「週に4、5日」が42人、「週に2、3日」も34人いた。学校がある日にケアをしている時間は「1時間未満」が最多の86人だったが、学業とケアの両立に負担が大きいとされる「2時間以上」も49人いた。学校がない日のケアは「4時間以上」が52人、「2時間以上」が79人だった。

ケア対象の家族（複数回答）は、祖母93人▽母49人▽祖父43人——などの順。家族の状態としては、身体障害や身体機能の低下、病気、認知症、精神疾患が目立った。ケアの具体的な内容（複数回答）は、料理や買い物などの家事95人、感情面のサポート85人、重い物を運ぶなどの力仕事78人、外出時の介助・付き添い61人などとなった。

ケアをしている期間を答えた177人の中央値（全回答者の真ん中の数値）は「3年11カ月」で、半数超が中学生以前からケアを始めたことになる。「16年」、つまり自分が生まれてからずっとケアをしていると答えた生徒もいた。

調査結果について、濱島は電話でコメントを寄せた。

「埼玉で高校生のヤングケアラーが5・3%という割合は、16年の大阪調査（5・2%）と非常に似ていました。国内の高校生にヤングケアラーが相当数いるのは確実です。ただ、調査対象は一部の高校に過ぎず、限界があります。ケアの対象者がアルコールやギャンブル依存症だったり、障害や病気の名前が明確につかない症状だったりすると、高校生は答えなくなりがちです。私たちがキャッチできていないヤングケアラーがいるはずなんです。今回、登校していない生徒には調査ができませんでした、高校教諭と話すと、本当にしんどい子どもはそもそも高校に進学しないそうです。現実的なヤングケアラーはもっと多いと思います」

取材班が調査結果を入手したのは、新型コロナウイルスによる1回目の緊急事態宣言が発令されていた時期だ。新型コロナ関連のニュースに埋没するのを避けるため、しばらく掲載のタイミングをうかがうことにした。

宣言が解除された後、8月には取材班によるケアマネジャー調査が紙面に載った。そして濱島たちの調査に関する記事は、9月28日付朝刊にようやく掲載された。

〝高校生5%、家族ケア「毎日」「1日4時間」も多数〟

その日の毎日新聞大阪本社版では、こんな見出しとともに1面トップを飾った。大阪歯科大の濱島の調査を「地元ネタ」として大きく扱ったのだ。埼玉を管内に持つ東京本社も、1面で「高校生20人に1人『家族を介護』」と見出しをつけた。

20人に1人ということは、高校の1クラスにヤングケアラーが1人、または2人存在する計算だ。ツイッター上では「ここまで深刻だったとは」と驚く声が上がった。

埼玉県、5万人超に調査へ

そして全国初のケアラー支援条例が施行された後、埼玉県は有識者会議を発足させた。20年6月8日に第1回会合がオンラインで開かれ、国際医療福祉大大学院教授の石山麗子が委員長に選出された。成蹊大の澁谷、日本ケアラー連盟の堀越らも委員に加わった。

取材班の田中は県庁で会議を傍聴した。傍聴席に他の記者は見当たらなかった。

「これを見てください」。一つ後ろの席に座った埼玉県議の吉良が田中に声をかけた。指さした配付資料には、県のヤングケアラー実態調査の概要が書かれていた。

（1）調査対象　県内の高校2年生　約5万5000人（回収率目標80％）
（2）調査方法　県内の各高校へ調査票を送付し、高校を通じて生徒に回答を依頼する。生徒の回答を高校において回収後、県に郵送する。

※県立高139校、市立高5校、私立高48校、国立高1校

それは、埼玉県内の高校2年生全員を調査対象とする計画だった。行政が当事者の調査に乗り出すのは初めてのことで、約5万5000人という規模は、県内11校を抽出した形になった濱島らの調査をはるかに上回る。田中が思わず「すごいですね」と漏らすと、吉良は笑顔で親指を立ててみせた。

高校2年生のみに限定したのは、生徒たちの事情に配慮した結果だ。入学して間もない1年生は、新型コロナの影響もあってまだ高校生活に慣れていない。3年生は大学受験を控えて多忙な子が多い。その点、最も調査に答えやすいのは2年生だろう、というのが埼玉県の見立てだった。

高2の生徒を対象に、身近な人のケアの状況や自身の生活への影響などを選択式で尋ねて、悩みや要望も自由に記述してもらう想定だった。会議の席上、澁谷が「実態調査に関心を持っている委員で、質問項目などを練らせていただくことは可能ですか」と発言した。県と有識者委員が協力し、高校生が答えやすい調査票を作ろう、と合意した。

埼玉県の高2全員調査は、約1カ月後の7月21日から9月11日にかけて行われた。県は紙の

調査票を各高校に郵送し、学校側が生徒から直接回収するよう求めた。

ほとんどの生徒がヤングケアラーという言葉になじみがないことを前提に、調査は「わかりやすさ」を意識していた。

「ヤングケアラーとは、本来大人がすると想定されているような家事や家族の世話などを日常的に行っている18歳未満の若者のことを指します」

各校に配られた調査票は、1枚目の「調査へのご協力のお願い」でこう解説した。日本ケアラー連盟作成によるヤングケアラーの10類型のイラストも添えた。

さらに生徒と各校の教師らの理解を深めるべく、調査の趣旨をかみくだいて説明した。

「ヤングケアラーの方には様々な負担があるにも関わらず、社会的に十分理解されているとは言えず、悩みを抱えたまま生活している方も少なくありません。

県はこのようなことを踏まえ、ケアラー、ヤングケアラーの方々を支援していくための計画(「埼玉県ケアラー支援計画」)を作ることにしました。

計画には、県や県民の方々がこれから取り組んでいくことを定めます。そのために、できるかぎり皆様の御意見を反映させたいと考え、県内の高校2年生を対象に実態調査を行うこととしました。ぜひ調査への協力をお願いします」

県は、集計しやすいインターネットを通じた調査もいったん検討した。しかし「スマートフォンを持っていないなど、ネットを使える環境にない生徒がいることが予想された。全員調査を実現するには、紙の質問票を使うしかないと判断した」（県地域包括ケア課）。

ヤングケアラー問題を所管している厚生労働省のある担当職員は、埼玉県内の高校に通う娘から「お父さん、ヤングケアラーの調査が来たよ」と聞かされて、「先進的だな」と驚いたという。

2カ月以上の集計・分析作業を経て、埼玉県は11月25日に調査結果を公表した。県内の高校193校の2年生全員（5万5772人）のうち、実際に回答したのは4万8261人。回収率は86・5％に上った。生徒が通う学校を通じて調査票を配布・回収した効果だと思われた。

生徒に「自身がヤングケアラーである、または過去にそうであったと思うか」と尋ねたところ、「はい」と答えたのは2577人（5・3％）だった。ただしその中には、障害や病気の家族がおらずケア対象の家族が「幼い」という理由だけでケアをしている、と回答した生徒が608人含まれていた。県は、大阪歯科大の濱島が行った調査と同じ理由でその608人を除外し、残り1969人（4・1％）をヤングケアラーと判断した。

1969人の性別（無回答除く）は、女子1160人、男子767人、その他36人。「女6

対男4」という比率も過去の調査に近かった。女子がケアを引き受けるケースの方がやや多いという、それまでの取材を通じた実感とも矛盾しない。

濱島の過去の抽出調査では、大阪府と埼玉県の高校生の「約20人に1人」がヤングケアラーだと推計されていた。埼玉県の調査結果も「高校2年生の約25人に1人」という結果になり、相場感は同じだった。

有識者委員として調査に関わった成蹊大の澁谷は「具体的な数字が出たことによって、今後は教師の側も『ヤングケアラーが1クラスに1人いてもおかしくない』と考えるようになるのではないか」と話した。

ヤングケアラーの実態

まずヤングケアラーの高校2年生の家族は、どういう状況にあるのか。

ケア対象の家族の人数は、「1人」が1339人(ヤングケアラー全体に占める割合は68%、以下も同じ)、「2人」が290人(14・7%)、「3人」が79人(4%)、無回答が261人(13・3%)。家族2~3人のケアを1人でしている生徒が約2割いた。

家族の属性(複数回答)は、祖父母・曽祖父母806人(36・9%)▽母524人(24%)▽きょうだい492人(22・5%)▽父242人(11・1%)。

その家族の状況（同）は、病気626人（28・6％）▽高齢による衰弱446人（20・4％）▽身体障害340人（15・6％）▽認知症288人（13・2％）——などが目立つ。属性別にみると、祖父母・曽祖父母では高齢による衰弱が50・5％を占めた。父母については病気が最も多かったが、母親は精神障害が18・5％と2番目に多く、父親は依存症が12％と他の家族に比べて多かった。

ケアの内容（複数回答）はどうか。

食事の準備・洗濯・掃除といった「家事」が1143人（58％）でトップ。見守りや元気づけるなどの「感情面のケア」が807人（41％）、買い物や重い物を運ぶなどの「家庭管理」が638人（32・4％）と続く。

頻度は、「毎日」が696人（35・3％）で最多。次いで「週2〜3日」441人（22・4％）、「週4〜5日」312人（15・8％）。平日の場合、ケアにかける時間は「1時間未満」と短い生徒が795人（40・4％）と多く、「1〜2時間」が539人（27・4％）で続き、2時間未満が約7割を占めた。

しかし長時間のケアを余儀なくされている生徒もいた。「4〜6時間」が95人（4・8％）、「6〜8時間」は47人（2・4％）、「8時間以上」も30人（1・5％）。成蹊大の澁谷は「授業や部活、宿題などに追われる高校生の日常を考えれば、1日数時間のケア負担も軽視できない」と指摘した。

ある生徒は、母が重い病気で3カ月間入院した時のことを「自由意見」の欄に記した。短期間ながらヤングケアラーだったようだ。

「毎日往復2時間かけてお見舞へ行き、家事の6〜7割を担っていました。兄や姉がいましたが、なかなか手伝ってくれなかったので勉強への負担が大きかったです。何か負担が減る支援があれば安心だと思います」

休日のケア時間はやはり「1時間未満」と「1〜2時間未満」が多かったが、2時間未満の割合は約5割と平日よりも少なかった。時間に余裕がある休日を家族ケアにあてる生徒が多い、ということになる。

「私は中学2年生からヤングケアラーでした。最初はストレスを感じることが多く、たおれたりしたこともあります」。ある生徒は、自由意見でそう振り返った。高校入学よりも前からケアをしている生徒は、ヤングケアラー全体の7割を超えた。学校生活とケアの両立が長期にわたるケースが少なくなかった。

ケアを始めた時期は「中学生から」が688人（34・9％）、「小学4〜6年」が395人

（20・1％）、「高校生から」が383人（19・5％）、「小学1～3年」が238人（12・1％）。「小学校に入る前から」と答えた生徒も148人（7・5％）いた。

ケアをしている理由（複数回答）は、「親が仕事で忙しい」が585人（29・7％）、「親の病気や障害、精神疾患、入院」が407人（20・7％）、「ケアをしたいと自分で思った」が377人（19・1％）、「きょうだいに障害がある」が327人（16・6％）だった。

また「日本語が親の第1言語ではない」ため、日常生活の通訳などのケアをしている生徒が141人（7・2％）いた。「介護」のイメージはないが、これもヤングケアラーの一つの類型である。ヤングケアラーかどうかは定かでないが、ある生徒は「親が日本人でないことがコンプレックス」だと記した。親とうまく話せない、生活習慣が他人と違うと悩み、「みんなと同じ生活を送りたい」と書いていた。

ケアを手伝ってくれる人（複数回答）は、母が1083人（55％）、父が774人（39・3％）、祖母が356人（18・1％）、姉が323人（16・4％）――の順だった。きょうだいや祖父母などを含む血縁と協力してケアをしている生徒が比較的多かった。一方で「誰もいない」、つまり1人で家族ケアを担っている生徒が138人（7％）いた。

「自分の将来が心配です。今、父を支えられるのが祖母と自分だけなので、この先就職や結婚などどう行動すべきか全くわかりません」

この生徒は自由意見でそんな不安を吐露した。今は祖母と協力して父のケアをし、父の職場がお金の面倒をみてくれて生活は安定しているが、「心配なのはこの先の生活です」と内心を明かしていた。

埼玉の高校２年生　1969人がヤングケアラーだった

ケアの生活への影響（複数回答）

ケアについて話せず孤独	376人	19.1％
ストレスを感じる	342	17.4
勉強時間が十分取れない	200	10.2
自分の時間が取れない	192	9.8
睡眠不足	171	8.7
体がだるい	162	8.2
友人と遊べない	158	8.0
授業に集中できない	92	4.7
学校への遅刻が多い	73	3.7
成績が落ちた	67	3.4
しっかり食べていない	51	2.6
学校を休みがち	44	2.2
受験の準備ができない	43	2.2

（注）パーセントは1969人に対する割合

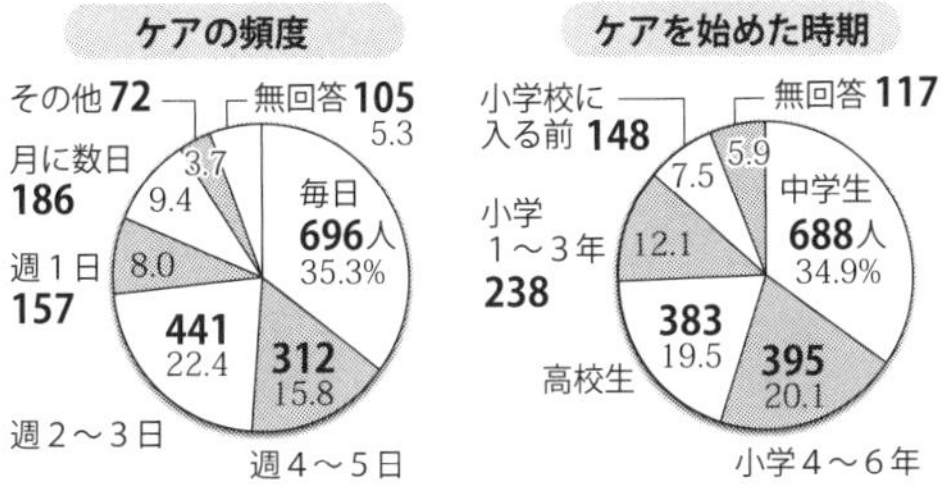

ケアの影響は子どもの心身両面に出ていた。学校生活への影響（複数回答）は「孤独を感じる」３７６人（19・１％）▽「ストレスを感じている」３４２人（17・４％）▽「勉強時間が充分に取れない」２００人（10・２％）——が目立った。

最多は「影響なし」の８２５人（41・９％）だった一方で、「睡眠不足」１７１人（８・７％）▽「遅刻が多い」73人（３・７％）▽「しっかり食べていない」51人（２・６％）▽「学校を休みがち」44人（２・２％）と、一部の生徒に深刻な支障が出ていた。

ある高校教諭は取材に「成長途中のヤングケアラーは、未熟なのに家での役割が多すぎて、パンクしてしまう子もいる」と漏らした。自由意見として、学校側の対応の問題点を指摘した生徒もいた。「ケアを家族の誰かがやらなくてはいけないが、（それで登校が遅れると）遅刻あつかいになってしまうのが困る」

そして平日のケア時間が長くなるほど、ストレスや勉強時間、進路など大半の項目で影響が増える傾向があった。ただし孤独を訴えた生徒たちのうち、ケア時間が「６〜８時間」に次いで多かったのは、「１時間未満」の生徒だった。ヤングケアラーの感じるストレスには、ケア時間の長短を含む複雑な要因があるようだ。

またヤングケアラーの４人に１人にあたる５０１人（25・４％）は、ケアに関して悩みや不満を話せる人が「いない」と答えた。

「いる」と答えた１１４２人の相談相手（複数回答）は、母親が７１３人（62・４％）で最も多く、それに次いで友人が４２８人（37・５％）、父親が３８５人（33・７％）、きょうだいが３４０人（29・８％）だった。

生徒からこんな意見もあった。

「ヤングケアラーの高校生の交流会をして、悩みを打ち明け、相談し合いたい」

「もっとたくさんの人に障害について知ってほしい。障害だからと差別しないで地域の人々で支え合っていけるようにしたい」

担任の先生に話せる、という生徒は34人（3％）だけで、保健室の先生に話す子は7人（0・6％）しかいなかった。学校の先生よりも、おそらく面識のない「SNS上で出会った人」（56人、4・9％）の方が悩みを打ち明けやすい、という皮肉な結果になった。

新型コロナウイルスの感染拡大によって、ヤングケアラーの304人（15・4％）がケアの負担が増えたと感じていた（約7割の1364人は「変わらない」と答えた）。

悲鳴に似た声も上がっていた。

「家にいる時間が長くなり、親のお酒への依存が強くなっている」

「持病がある親がいるので、コロナに絶対感染できず、学校を休むことが多く授業についていけない」

ヤングケアラーの高校2年生たちが希望するサポート（複数回答）を尋ねた。

「困った時に相談できるスタッフや場所」316人（16％）▽「信頼して見守ってくれる大

人」286人（14・5％）▽「宿題や勉強のサポート」259人（13・2％）――が目立った。

しかし最も多かったのは「特にない」の752人（38・2％）である。大人の側を突き放すように、冷めた意見を書いた子がいた。

「突然『ヤングケアラーが大変だ』とか『支援が必要』と言われても、本当に大変な人はできるだけそっとしておいてほしい。学校でヤングケアラーという人が自分たちの周りにいることを教えるのは良いことだが、それによって変に気をつかわれたりすると、息抜きの場である学校までも失ってしまう。それでもヤングケアラーを手助けしたいならば、正しい知識を広めてほしい」

埼玉ではないが、首都圏の定時制高校のある教諭は、思春期のヤングケアラーが大人たちをどう見ているのかについて取材班に示唆をくれた。

「もっと積極的に状況を把握して、手を打つべきかもしれないが、やり過ぎると生徒が話さなくなる。生徒からみて『こいつなら話せそう』という教員が、話を聞くことになる」

一方、埼玉県の調査では「ヤングケアラーという言葉を初めて聞いた」という声も生徒から少なからず寄せられた。

「自分がヤングケアラーという存在だったことを知り、少し救われる気持ちでした」

この言葉は、取材班が過去に話を聴いた元ヤングケアラーたちとも共通する。成蹊大の澁谷は、調査そのものが客観的な「自己認識」を深めるきっかけになった、と推測する。

毎日新聞は11月26日付の朝刊で、前日公表された調査結果を報道した。

〝埼玉・高2「家族介護」1969人　ヤングケアラー　県、全5・5万人調査〟

東京本社版は社会面トップで伝え、2面で生徒の孤独やストレス、長時間・長期におよぶケア負担を分析した。埼玉県内の調査を全国紙面に大きく載せる意義がどこまであるのか、と社内に懐疑的な見方もないではなかったが、「全国調査の結果が出ていない今、国内のヤングケアラーの傾向を示す先行指標だ」と押し通した。行政が初めて行った大規模調査ということもあって、他のメディアも報道した。

埼玉県の「ケアラー支援に関する有識者会議」は同日の会合で、県側から調査結果について報告を受けた。

「学校生活にケアの影響はない」と答えたヤングケアラーが4割いたことに対して、有識者委員の飯田敦（埼玉県高校長協会会長）が現場の立場から慎重な見方を示した。

「普段、生徒と接している感覚だが、高校2年生にこういう調査をすると『影響がない』と答えがちになると思う。（結果を）うのみにしない方がいい。特に高校2年生は、自分を持ち上げて無理して答えるところがあると認識してほしい」

今回の調査は教員にも刺激になった、と飯田は率直に語り、「学校にヤングケアラーはこんなにいるわけなので、支援につなげていってもらいたい」と意見表明した。

支援のあり方について、澁谷は取材班にコメントした。

「ケアの実態や悩み、不安が多様だからこそ、ケア負担の重いヤングケアラーでも学校生活を楽しめるようにする支援を学校の中に作り、生徒が支援の中身を知った上で、使うか使わないかを選べるような仕組みがあるといい。ケア実態を踏まえて進路について一緒に考えるなど、生徒がいつでも大人の力を借りられる状況にしておくことが大切だ。

子どもや若者が日常的に通う学校という場を利用して、教師だけでなく、福祉や医療の専門職もヤングケアラーをサポートできる体制を作ることが望まれる」

大きな手がかり　全国では？

埼玉県はヤングケアラーの支援に本格的に乗り出した。埼玉県知事の大野は、21年度予算案を審議する21年2月19日の県議会で「ケアラーやヤングケアラーへの支援として普及・啓発を

ヤングケアラーの支援計画素案などを議論した埼玉県の有識者会議

進め、相談員などの人材育成や学校、地域での取り組みを促進する」と強調した。

県のケアラー支援計画（21～23年度）は五つの数値目標を掲げた。

①ケアラー、ヤングケアラーの認知度を今の2割弱から70％に引き上げる

②教育・福祉関係者のヤングケアラー研修を新設し、1000人を受講させる

③ケアラーが利用するワンストップ型の相談窓口を、県内26市町村から全市町村に拡充

④地域でケアラーの孤立を防ぐため、住民による介護者サロンを53市町村から全市町村に増やす

⑤地域包括支援センターの職員らに相談対応の研修を行い、ケアラー支援人材を3000人育成する

当初予算には支援事業が計上された。例えば、元ヤングケアラーが学校で出張授業をする「ヤングケアラーサポートクラス」は、高校生や市町村の教育委員会、ＰＴＡ関係者らを対象に、体験者らの「語り」と行政の支援策を説明する2部構成とした。ヤングケアラーが悩みを相談できるオンライン上の集いを計画。元ヤングケアラーを交えて、家族のことを周囲になかなか打ち明けられない子どもの孤立を防ぐ試みだ。小中高生向けの啓発用ハンドブックも作成している。

21年4月には北海道栗山町が、市町村では初めてケアラー支援条例を施行し、他の自治体にも制定の動きがある。ヤングケアラー調査を独自に始めるところも増えた。埼玉県はモデル自治体として全国的な注目を集めている。

取材班にとっても、埼玉県の調査は大きな前進だった。ヤングケアラーの子どもの実態、支援のあり方を探る重要な手がかりだ。

ただ、濱島と埼玉県による三つの調査をもって、これが全国に共通する傾向だと断言することはやはりできなかった。「1クラスに1人か2人」というヤングケアラーの存在確率にしても、埼玉県と大阪府という都市部の傾向にとどまる。小中学生については調査されておらず、きょうだいケアは集計から除外された。

「地域コミュニティーがまだ残っている地方では、家族ケアに周囲の助けが得やすいはずだ。深刻なヤングケアラーはもっと少ないんじゃないか」

「東京をはじめ、核家族が多い大都市は他にもある。『子どもの5％程度』は全国のヤングケアラーの目安として有効なのでは？」

取材班はそんな議論を交わしながら、政府が21年春に公表するはずの全国調査結果をじりじりと待つことになった。

「私はヤングケアラー」発信の意味

「もう1回聞くね。ペンギンはどんな動物だっけ?」

高橋唯がそんな質問をする。

「うーん、哺乳類……。違う、魚類」

母純子が迷いながら答える。

「もういいです。ペンギンは鳥です」

唯が笑いながら母の解答を採点する。

そんなたわいない会話を撮影した動画に、会場の聴衆が見入っていた。


2020年7月18日、唯の23歳の誕生日。唯は関東の自宅から、東京都荒川区の生涯学習センターに招かれて、人生で初めて人前で講演した。

52歳になった母純子は記憶力や思考力が低下する高次脳機能障害を抱えている。唯は幼い頃から母を見守り、支えてきた。

この動画は、母の障害の特性を講演の参加者たちに理解してもらおうと、唯が製作したも

交通事故で高次脳機能障害になった母を介護する高橋唯（右）

のだ。ある日、ペンギンの絵を見た純子が「ペンギンって川に住んでいるんだよね？」と言い出した。ペンギンの生態を一通り説明してから、ビデオカメラを回したという。つまり純子は、直前に唯から聞いたばかりの知識を覚えていられないのだった。

唯は聴衆に動画を見せる際、こう断った。

「母の言動は子どもに似ています。私が生まれる前から変わっていません。成長しない子どものままなんです」

かつてヤングケアラーだった唯は今も母の介護や身の回りの世話をしており、20～30代のいわゆる「若者ケアラー」にあたる。

一人では外出する準備ができない純子のために、出発の時間を伝えたり、必要なものをカバンに詰めたりするのも唯の役目だ。病院で足が大きく腫れ上がった他の患者がいると、母が「あの人、あんなに足が太い！」と大声を出す。「静かにしなさい」と注意するのは唯だ。いつも母の言動にひやひやして、他人のふりをしたくなるという。

そんなエピソードも交えながら、唯は過去の体験をひとしきり話し終えた。すると会場の70歳過ぎの女性が尋ねた。

「ヤングケアラーの問題を初めて知ってショックを受けています。ヤングケアラーに出会った時、私にも何かできることはありますか？」

「いつも聞かれるのですが、うまく答えられなくて……」

解決策を他人に教えられる自信は、唯にもない。ヤングケアラーたちの置かれる環境は一人一人違って、抱えている問題もさまざまだから。

それでも訴えたいことがあった。

「常に自分を気にかけてくれる大人がいる、と子どもが思うことができれば、その人に家庭の事情を話せるかもしれません。私も、自分の話を受け止めてくれる大人がほしかった」

子どもからのＳＯＳに周りの大人が気づいてほしいんです。

家族のケアを経験した元ヤングケアラーは、取材に対して匿名を希望するケースが多い。家の事情を明かすことで周囲の偏見を招いたり、自分の家族に心理的な負担をかけたりするのではないか、と恐れているのだ。

だがその中で唯は、早くから素顔や実名をさらし、むしろ自らの体験を進んで世間に発信している。

20年4月、動画投稿サイト「ユーチューブ」にチャンネルを開設した。自身の体験を動画で紹介する、その名も「元ヤングケアラーたろべえとおかあちゃんねる」。

SNSにも積極的だ。ツイッターでは純子との生活で感じたことを日々つぶやく。ブログも書いている。ハンドルネームの「たろべえ」は昔飼っていた犬から取った。

なぜ発信するのか？

「ヤングケアラーの存在が知れ渡って、昔の私と同じように悩んでいる子に支援の輪が広がれば、私の経験も無駄じゃなかったと思えますから」

しかし唯とて、そんな心境にやすやすと至ることができたわけではない。

母の純子は10代で交通事故に遭い、後遺症が高次脳機能障害として残った。右側の手足が動かしにくくなる「片麻痺《まひ》」の症状もあり、家の中ではつたい歩き、外では杖《つえ》やシルバーカ

インタビューに答える高橋唯

ーを使って歩く。母より6歳年上の父等《ひとし》も、唯が生まれる前年に事故で左腕を失った。

一人娘の唯はまだ学校に上がる前の頃、お気に入りのキックボードに乗って、近所のスーパーにおつかいに出かけたことがある。「幼い娘を一人で行かせるのは危ない」という判断ができない母は「ただ買い物を頼んだだけ」だったらしい。

父がたまたま車で帰宅する途中、路上の唯を発見した。「1人で歩いてる小さな子がいるなと思ったら、自分の子だったので驚いた」とのちに父から聞いた。

記憶力に難のある純子は、我が子に絵本の読み聞かせがうまくできなかった。だから唯はいつも一人で本を読んでいた。

台風が接近した強風の日、小学校から「娘さんを迎えにきてください」と電話があった。突然のことに「夫が代わりに行きます」と言えなかった母は、悪天候の中を歩いて学校に行き、娘と2人で下校した。2人とも疲れてふらふらになった。

母は料理の出来にもむらがあった。あるとき生焼けの肉を出されて懲《こ》りた唯は、小学生にして料理を身につけた。冷蔵庫を点検して、純子が買った古い食材を捨て、食器の洗い残した汚れを洗い直す習慣がついた。「お母さんができること、全部できるようになっちゃった」。母が頼れない存在だということは何となくもうわかっていた。

純子はアルコール依存症でもあった。一番激しかったのが唯の中学生時代である。夕方から台所でビールや日本酒を飲み始めて、いつも唯が下校する頃にはへべれけになっている。いわゆるキッチンドランカーだ。

唯が自室で宿題を始めると、「ドカン」と音がする。千鳥足の純子がまた転んだんだろう。それでも音が大きいと、さすがに心配になって助けに行った。

「他の子は宿題をしたり、部活で練習をしたり。なのに私は、なぜお母さんのために時間を使っているの?」


唯には相談相手がいなかった。

両親は障害を持ちながら唯を育てようとしてくれていた。誰かに「親のケアをしている」と言えば「唯ちゃんは普通の家庭じゃないのが嫌なんだね」と誤解されてしまうかもしれない。自分が母のケアをしているのは、働きに出ている父の責任ではないと唯は考えていた。両親に「ケアが負担だ」とは言えなかった。まるで親を責めているみたいになる。自分よりも、障害や病気を持っている母や父の方が私よりつらいはずなのに。そんな考えが頭の中でぐるぐる回った。学校の友達にも打ち明けられない。せっかく何でもないような楽しい会話で盛り上がっているのに、親の話なんてしたら水を差してしまう。

その代わり、唯は日々の思いを「メモ」に書いて吐き出すようになった。誰にも言えない本音を封印する儀式のようなものだった。

最初は要らない紙の裏に書いた。しかし時間がたってから読み返すと、両親に申し訳ないような内容だったり、「悲劇のヒロインぶっている自分」が嫌になったりで、捨ててしまうことが多かった。

高校3年の時に書いていた、大学受験の面接練習用のノートがある。まとまって現在まで残しているのはその1冊だけだ。当時の心境をこんな表現で記している。

「電気信号のみで動く物体を私は母と呼んでいたのだ。授業参観に来ていたのは、毎日食事を作っていたのは、『母』という名前で呼ばれるロボット」

中学生以降の唯は、学校の部活や宿題、塾通いなどで忙しく、余裕がなかった。それに対して純子の生活ペースを遅く感じ、唯は「自分のことをしたいのに」とイライラした。

日付を覚えられない記憶障害の母。同じ商品を何度も買ってきて、何度答えても「今日は休み？」と同じ質問をしてくる母。料理はもちろん、順序を考えて自分から何かをするのが苦手な母。まるで子どもみたいだ。母の振る舞いの一つ一つに「どうしてそんなことをするの？」と疑問だった。助けてあげたり注意したりしても同じことを繰り返す。むなしくて、精神的に疲れていた。

「お母さんと私は流れている時間が違うんだ」

唯が講演で使った「川のたとえ」を借りよう。

唯を含めた健常者は、川をどんどん泳ぐように人生を進んでいく。しかし障害のある母は、その川の流れの速さに追いつけない。母をおいてけぼりにするわけにいかないから、唯は母を背負って川を泳ぐ。２人とも沈んでしまうかもしれないし、沈まないまでも、普通の人のように川を進むことはできない。

そんな唯が「普通の生活」を送るためには、日々の母への疑問を封印して、その言動や飲酒を淡々と受け入れるしかないという感覚が生まれていた。川を泳ぐために、それが一番負担の少ない方法ということだったのか。

「疑問を抱かないことが正解」とノートに書いている。

しかし母への疑問を封じたところで、自然とわいてくる怒りや悲しみまでなくなるわけではない。だから唯は、ロボットのように一切の感情を持たずにいようとした。

自分だけでなく、母のことも「ロボットだ」と思い込もうとした。母は「娘の方がいろんなことができる」ことを寂しく思っているかもしれない。娘から毎日のように怒られて、悲しいかもしれない。そう想像すると罪悪感があった。母にも感情がない、と思う方が楽だった。

「つらいけど、それを認めるのが嫌だ」というメモもある。

当然の帰結として、唯は感情を持たずにいることに失敗した。自分が失敗していること自体もつらくなった唯は落ち込んだ。学校で親の話題になると泣き出した。

堂々と人前で講演し、ＳＮＳを駆使する今の唯からは想像しにくいが、当時の唯はふさぎ込み、周囲から「もたもたしていて何が言いたいのかわからない」と言われる子だった。教師は「あなたに何を言っても、他人事みたい」と突き放した。

一方、純子は唯が高校生の時に、アルコール依存症の投薬治療を始めた。2年かけて依存症を克服した。酔っ払いの母に振り回されることがなくなり、唯の生活はその分改善した。

それでも、遊びも勉強も年相応にできなかった思春期の唯には「同級生と同じステップを踏めなかった」という悔いが残った。

唯は講演でこうも言っている。

「子どもの時は感情をうまく言葉にできなかったけど、今思えば母を『お母さん』だと思えないというつらさがありました。毎日、自分が母を助けなければいけなくて。嫌だとは思っていなかったけど、一人の子どもとして『お母さん』に甘えたかった」

唯が自分を「ヤングケアラーと呼んでもいいかな」と思えるようになったのは、実は最近のことだ。

医療福祉系の大学に進み、3年生になっていた18年9月、純子が自宅で階段から落ちて頭を打ち、救急搬送された。さいわい大きなけがはなかったが、危ないので母の部屋を2階から1階へ移した。階段に手すりを取り付ける作業をしていて、唯はふと気づいた。

「私がやっていることは介護なんだ」

ヤングケアラーという言葉はすでに知っていた。しかしそれまで「自分のことだ」とは思えなかった。親思いの唯にとって、その言葉は「ケアをしてあげる相手」と親を見下しているように聞こえて、最初のうちは気に入らなかった。父は左腕がなくても仕事に励み、障がい者テニスを楽しんでいる。母の相手だって、唯にとってはごく普通の生活の一部だ。

純子が階段から落ちる前の同年7月、唯は東京で開かれたヤングケアラーのシンポジウムに参加した。悩みを誰かに相談したくて、インターネットの匿名のブログに書き込んでは消し、書き込んでは消しを繰り返した頃だ。同じ立場の人に会ってみたかった。

そのシンポジウムの講演者が、成蹊大で当時は准教授だった澁谷智子だ。唯は澁谷に誘われて、一般社団法人・日本ケアラー連盟の「ヤングケアラープロジェクト」に加わった。元ヤングケアラーが体験談を語れるようサポートする取り組みだ。そこには唯と似た境遇の若者たちがたくさんいた。

「ヤングケアラーという言葉を頼って仲間を探すしかない」

唯はそう決めて、ヤングケアラーとしての自分を受け入れた。

同年10月、初めてマスコミの取材を受けた。NHKの福祉情報サイトに、匿名ながら素顔を出した記事が掲載された。父がどう反応するかと心配だったが、「良い記事だね」と言われて、ほっとした。TBSの「報道特集」(19年9月)には実名で出た。

それ以降、たびたびテレビのヤングケアラー企画に呼ばれ、SNSなどを通じて自分の体験を発信しては、他のヤングケアラーたちと語り合っている。

唯の自宅を取材で訪れたのは20年3月13日。

明るい表情の唯が、玄関先で手を振って出迎えた。居間のテーブルに案内され、唯の隣には純子が座った。

交通事故で高次脳機能障害になった母を介護する高橋唯（右）。お互いの好きなところは「明るいところ」（唯）、「正直なところ」（母）

唯は取材を受けながら、純子に新しいスマートフォンの使い方を教えていた。その4月から社会人として働き始める唯との、大事な連絡手段になるからだ。

「お母さん、私に（無料通信アプリの）LINE（ライン）でメッセージを送ってよ」

「うん、よいしょっと」

純子はスマホを操作し始めたが、メッセージを送信する方法がわからないようだ。

「ここの送信ボタンを押さないとメッセージは届かないよ」

「こっちだったのか。そっか、そっか。わかった、わかった」

純子が喜ぶと、唯は「よかったね」と声をかけた。

唯は就職活動を終えた時期だった。介護福祉系の大学に通う同級生たちは、前年の夏に就活を始めていたが、唯は、自分が仕事をする間に純子が利用するデイサービス施設を探すことを優先した。就活のスタートは秋まで遅れたという。

唯が入社試験を受けた企業の中には、若手社員が仕事と介護を両立させることを想定していない企業も多かった。それでもようやく、シフト制がある就職先に内定した。それなら平日も純子のための時間が作れる。

しかし、純子が利用する施設はまだ見つかっていなかった。片麻痺の母の足の装具を新調するなど、やるべきことも山積みだった。

唯は「仕事が始まると仕事優先になってしまうのかな。働きながら母の生活をより良くしていくのは正直難しいのでは……」と不安を口にした。

家の庭で、同行したカメラマンが唯と純子のツーショット写真を撮った。2人とも慣れない撮影に照れ笑いをした。合間、記者は「唯の好きなところ」を純子に尋ねてみた。

「はっきりしているところ。ズバズバ言いますから」

さらに唯にも「母の好きなところ」を聞いた。純子は「やめてくださいよ。ないって言われますよ」と笑いながら言った。唯がおもむろに口を開いた。

「私はつらい、って言わない母の性格に、救われてきた部分があると思います。母がいつも明るくいてくれるのがわかっているから、こうやっていろいろなことが言えるんです」

唯は「言いたいことを話すのは、私にとっては親への反抗期の代わり」だと笑った。

母との生活に疲れて「感情を持たないロボット」になろうとした、かつての内気な少女はもうどこにもいないのだ。

唯は大学を卒業して就職した。母の施設もようやく見つかった。ところが、就職先にも新型コロナウイルスの問題が及び、一時は自宅待機を余儀なくされたという。

唯が社会人になって約1年が過ぎた21年3月、再び近況を尋ねた。

「家事と仕事とケアをこなしていくのは、想像以上に大変だと思いました。職場にいるパート勤務でお子さんもいる年上の女性たちがすごくパワフルで。私も同じことをやっているのに、全然両立できない。彼女たちへの憧れがすごく強くなっています」

「日々の生活をちゃんと回していきたい。子育ては、子どもがかわいいからやれる部分もあると思うので、母の面倒を見るのとは少し違うかもしれないですけど。もう少し仕事と生活をうまくやりたい」

新たな悩みを抱えながら、ケアと向き合う唯の暮らしは続いていく。

第5章

全国調査結果

きょうだいケアのゆくえ

政府が教育現場に初の全国調査を実施しているさなかの2020年末から21年初めにかけて、取材班の中で議論が起きていた。

「幼いきょうだいの世話は、全国調査でどう扱われるのか？」

こうした家族ケアは「きょうだいケア」と呼ばれ、一般社団法人・日本ケアラー連盟によるヤングケアラーの10分類の一つだ（家族に代わり、幼いきょうだいの世話をしている）。ヤングケアラー問題に関わる人なら皆、知っている。

それがなぜ議論になったのかといえば、政府に先行して行われた埼玉県や研究者の調査で、きょうだいケアが集計から一律に除外されていたからだ。

それらの調査では、きょうだいに障害や病気がある場合はヤングケアラーと認定したが、ケアの理由が「幼いきょうだいがいる」だけの子どもは集計から外れた。障害や病気のないきょうだいの世話、たとえば幼稚園・学校の送迎や家事などをしている子がそれにあたる。

埼玉県への取材では、そうした子どもたちを除外した理由は、ヤングケアラーか否かの判断が難しいからだという。「家のお手伝いとの線引きが難しい」「アンケートだけではつかめない、個々の家庭環境の全体を見なければ判断できない」と説明された。

それを聞いた取材班の山田奈緒は腑《ふ》に落ちなかった。

「その条件は高齢者介護でも、障害者の介助でも同じはず。まるで『きょうだいケア』がのけ者みたいですね」。取材班の打ち合わせでもその疑問を口にした。

それより前の20年7月、山田は、兵庫県で子ども食堂などを運営するNPOを取材していた。子ども個人を特定する記事を書かないことを条件に、そのNPOの関係者は語った。

「ヤングケアラー、いっぱいいますよ。ご想像とは違うかもしれませんけど」

その子ども食堂を利用するヤングケアラーは、幼いきょうだいの世話を任されているケースが多いのだという。

乳飲み子を背負った小学生が、子ども食堂にやって来る。小学校高学年の児童が、さらに低学年のきょうだいを連れて来る。「お母さんやお父さんは？」と尋ねても、あいまいな答えしか返ってこない。その子たちは家でもきょうだいの面倒をみているようだった。身なりもきれいとは言えなかった。

そうした子どもの家庭を訪ねて、家庭への福祉支援の必要性を感じても、親が拒否することは珍しくないという。子どもが学校に行かず、きょうだいの世話や親の手伝いに追われていても「いったい何が悪いの？」と反論する親さえいた。

「子は親を助けて当たり前。学校に行く必要なんてない。そういう価値観の家庭に支援をしようと入っていくのは、想像より難しい」。NPO関係者はそうこぼした。ヤングケアラーとは貧困やワーキングプアの一人親家庭など、さまざまな社会の課題がしわ寄せされた産物とも言えるのが現実だった。埼玉県のヤングケアラー調査でその取材の記憶を呼び起こされて、山田は目が覚めたような気持ちがした。

とはいえ「きょうだいケアを除外する」という調査基準に一つの合理性があることも否定はできない。取材班のメンバーからはそういう声もあった。「僕たち、私たち家族は仲良く暮らしている」と思っている家庭に「あなたは支援が必要なヤングケアラーだ」と第三者が介入することが、どこまで正当化されるのか。「家族の助け合い」の枠を超えているかどうかを取材者が判断することが、果たして読者の共感を得られるのか、と。

家族の障害・病気などのわかりやすい理由がないからこそ、幼いきょうだいの世話が「過度なケア負担」なのかを判断する線引きは特に難しい。調査の限られた設問ではなおさらだ。であれば、見分けの難しい子どもをあえて集計から除外した上で、「少なくともこれだけは確実にヤングケアラーが存在する」と示すことにも一定の意味はある。

調査の正確性を期すのか。それともヤングケアラーの定義を「緩め」て、調査からこぼれ落ちる子どもを減らすのか。取材班にもなかなか整理のつかない問題だった。

そうした議論を受けて、21年1月中旬、取材班の田中裕之は、旧知の厚生労働省の関係者に電話を入れた。

「埼玉県の調査では、『ケアの相手が幼い』という理由だけでケアをしている子どもが、ヤングケアラーの集計から除外されていましたよね」

「ええ、そうでしたね」

「全国調査でも、あれを踏襲するんですか？」

「うち（厚労省）は、幼いきょうだいの世話もヤングケアラーかなとは思っています。除外しないと思うけど……」

その関係者は個人的に、きょうだいケアも集計に含めた方がいいと考えていた。「ただ、そこは調査に協力していただいている有識者の皆さんがどう判断するかですね。少なくとも、埼玉県がこうしたから国もそれにならう、というものではない」

山田たちは改めて、研究者たちにもオフレコであれこれ話を聞いた。きょうだいケアは、専門家の間でも議論が分かれる問題だった。「障害や疾病のある親や祖父母のケアをしている子どもに対象を絞った方が、支援策を立てやすい」という意見もあったという。

一方、ある研究者は山田にこう強調した。

「ヤングケアラーの定義を狭める必要はないと思います。今まで社会から見過ごされてきた子どもたちのつらさを、なるべくすくい上げるための言葉がいい。子どもたちが『自分もヤングケアラーかもしれない』と思った時に、それを否定しない定義の方がいいのではないでしょうか。広く考えるべきだと思います」

取材班は3月1日、「毎日新聞デジタル」に解説記事を配信し、このきょうだいケアの問題を読者に提起した。ヤングケアラーが介護や世話をするのは何も親や祖父母だけではないことを伝え、きょうだいケアを担う子どものことを一から考えてもらう目的だった（そのため記事は一連のキャンペーン報道では珍しい「ですます」調だった）。その前後に、取材班は、読者の素朴な疑問に答える解説記事を他にも何本か出稿している。同時にきょうだいケアの記事には、全国調査を集計する際に熟慮してほしい、と政府に求める意図を暗に込めた。

私もヤングケアラー？　きょうだいの世話、気づかれにくい負担

ヤングケアラーが介護や世話をする家族は、何も親や祖父母だけではありません。障害があるきょうだいの見守りや、幼いきょうだいの身の回りの世話などを担う子どももいます。しかし、ケアする方もされる方も子どもである「きょうだいケア」は、家庭のお手伝いの延長として見られがちで、その負担の重さが気づかれにくいという問題があります。

「私もヤングケアラーかなって一瞬思ったけれど、違うかもしれない。弟や妹に障害があるわけでもないし、介護しているわけでもないし。私が大変なのは、単に要領が悪いだけなの

かな……」

小学生や保育園児のきょうだいをケアしてきた高校3年の女子生徒が漏らした言葉です。彼女を取材すると、食事の準備、大量の洗濯、保育園の送り迎えなどの家事が、勉強や部活、友達と交流する時間を明らかに圧迫していました。

女子生徒の保護者にも障害や疾患はありませんが、家事をあまりしないそうです。この生徒は「小さな保護者」としてきょうだいのケアを引き受け、保護者の悩みも聞くなど、家族全体の精神的な柱になっていた様子がうかがえます。これを「美談」で片付けていいのでしょうか?

家族介護を支援する一般社団法人・日本ケアラー連盟はヤングケアラーの類型の一つとして「家族に代わり、幼いきょうだいの世話をしている」ことを挙げていますが、きょうだいの障害・疾患は条件にしていません。料理、洗濯、掃除などの家事支援、アルバイトなどの家計支援・管理といった責任が過度になれば、勉強、遊び、学校の部活など子どもならではの時間が奪われ、将来の可能性を狭められかねません。

また、障害・疾患のあるきょうだいをみている子どもの場合、ケアの内容は着替えや食事・入浴介助などの身体介護にとどまりません。きょうだいの学校生活で「けがをしないか」「いじめられないか」と見守ったり、障害の特性による衝動的な言動をなだめたり、こちらもまるで保護者のような役割を背負うことがあります。障害児の子育てに疲れた親の弱音を受け止める立場になることも珍しくないのです。

こうした子は幼い頃から重要なケアを引き受け、周囲から「将来もきょうだいの面倒をみてほしい」と期待されるなど、その後の人生の選択肢が狭まりかねない点で同じです。

ただ、きょうだいケアの負担は社会から、時には家族からも理解されづらいようです。いわゆる「介護」より日常的な「世話」が多くなりがちなことが一因です。さらに保護者や他の家族にも障害や疾患がない場合、社会から「お手伝い」の延長ととらえられる傾向は強まります。身近な人々が「しっかりした子」「仲良しきょうだい」と褒めるだけ、ということも少なくありません。

きょうだいをケアして当然、とみなされたヤングケアラーは期待に応えようと頑張り続け、甘えたり大変さを伝えたりできなくなります。ヤングケアラー自身が負担の重さを自覚できないこともままあります。

一方、毎日新聞のキャンペーン報道に対し、ある元ヤングケアラーは「きょうだいケアをして良いこともあった。ネガティブにばかりとらえられるのは残念」とメールを寄せました。周囲とケアをきちんと分担していたり、負担が非常に軽かったりするケースは、お手伝いや仲のいい家族の範囲にとどまるかもしれません。そうしたケアがコミュニケーションになって家族の絆を深める、という考え方もあります。

ただし、そうした家庭環境が変化するなどして、子どものケア負担が途中から重くなるケースも考えられます。本人や家族、そして第三者から見ても、ヤングケアラーの見極めはそれだけ難しいわけです。

改めてそれを示したのが20年11月に埼玉県が発表した県内の高校2年生調査でした。「自分はヤングケアラーだと思う」と答えた2577人のうち、ケアの対象が障害や疾患のない「幼い（未就学、小学生）きょうだい」だけだった608人が、ヤングケアラーから除外されました。県は「判断が難しかった」と説明しています。限られた設問への回答だけでは個々の事情が判断できないため、調査の正確さを期そうとして除外したのが実情のようです。

ただし、家庭環境などを考慮しないとケア負担の重さが見えづらいのは、全てのヤングケアラーに言えることです。一律にきょうだいケアを切り捨ててしまえば、支援の網からこぼれ落ちる子どもが出てきます。

厚生労働省は今冬、初めて学校現場への全国調査に乗り出しました。同省関係者は「個人的には、幼いきょうだいの世話もヤングケアラーかなと思う」とした上で、「有識者と協議の上で判断したい」と話しています。集計・分析には十分な配慮が望まれます。

要対協への調査

一方、学校現場への全国調査に先駆けて、政府が2018年度以降に実施した「別の全国調査」が存在する。全国の要保護児童対策地域協議会（要対協《ようたいきょう》）に対するアンケート調査である。要対協とは、虐待・非行などの問題を抱えた児童の早期発見、支援を目的に、市区町村などの自治体が児童福祉法に基づいて設置する組織だ。

当時、政府内でもヤングケアラーへの認識は高くなかった。18年5月の参院厚労委員会で、無所属の参院議員・薬師寺道代と政府側がこんなやりとりをしていた。

薬師寺 ヤングケアラーの実態について文科省、厚労省は認識しているのか。

文科省 小中学校、高校で家族にケアを要する方の世話や介護などを担っている児童生徒がいることは承知している。

厚労省 民間団体の調査によれば、そのような子どもが行っているケアの内容は、家事や幼いきょうだいの世話が多いというようなことも聞いている。

薬師寺 どのくらいのヤングケアラーが日本にいるのか、どういう課題を抱えているのか、分析しているか。

文科省 小中学校、高校で網羅的な調査はしていない。

厚労省　ヤングということなので18歳未満だと思うが、そこに特化した実態調査などはこれまで行っていない。

全国調査の必要性を指摘した薬師寺に対し、厚労相の加藤勝信は「文科省とも連携し、どのように実態を把握していけるか勉強したい」と歯切れが悪かった。それでもこの質疑は、全国の要対協調査のきっかけになったと目されている。

最初の要対協調査の結果は19年4月に公表された。ヤングケアラーの概念そのものを「認識している」と答えた要対協は全体の27・6％で、「認識していない」が72・1％と大勢を占めた。さらに、3割に満たない「認識している」要対協のうち、ヤングケアラーと思われる子どもの実態を「把握している」のは34・2％、「ヤングケアラーと思われる子どもはいるが、実態は把握していない」が35・0％、「該当する子どもがいない」は30・3％だった。

つまり多くの要対協は、「ヤングケアラー」という言葉をこのアンケートで聞くまで知らなかった。政府は翌年度に、個別事例の収集を含めて要対協に再調査を行った。

そもそも要対協の業務は虐待児童への対応が中心であって、「親子を引き離すか否か」といった深刻なケースに注力している。多様なケアを担うヤングケアラーが必ずしも虐待事例とは限らない。まして、当事者の子どもではなく要対協への「また聞き」では、実態の把握に至らなかったのも当然といえる。

ただ、政府の担当者レベルでは、この要対協調査に「足りない点があった」ことは理解されていた。そうした認識が、20年冬から翌年春にわたる学校現場、および子どもたちへの全国調査につながったのは事実だった。

「調査の結果をアタマにしましょう」

21年4月12日、政府は全国調査の結果を公表した。

この日は月曜で、前日の11日は新聞制作が休みだった。この場合、新聞業界では11日を「休刊日」と呼ぶ。読者からみれば、朝刊の届かない翌12日が「休刊日」ということになる。

ネットのニュースサイトに配信する分には何の支障もないが、紙面の方では、休刊日明けに2日分のニュースが殺到して混み合うことが多い。

さらに12日は新型コロナウイルス問題で大きな動きがあり、65歳以上に対するワクチン接種が全国で始まった日だった。そのため編集局内では、翌13日付朝刊の1面トップにコロナを推す声もあったが、その日の見出しとレイアウトを作る編集者は言った。

「うちがずっとやってきたヤングケアラーをアタマ（トップ）にしましょう」

公表が年度をまたいだため、毎日新聞社の春の人事異動で、取材班のメンバーが一部交代していた。それでも過去の行きがかり上、山田と、4月に政治部に戻ったばかりの田中が原稿を書いた。同じく政治部に戻った前取材班デスクの松尾良が監修した。「高齢者へのワクチン接種開始」も、紙面の扱いが他社から見劣りしないよう見出しなどで工夫された。

こうして、ヤングケアラーをめぐる「初めて」の全国調査結果は、1面トップと2面の大きなサイド記事として掲載された。

〝ヤングケアラー　中2の5・7％　全国初調査　孤独な介護裏付け〟

全国調査は20年12月から21年1月にかけて、47都道府県の人口に応じて全体の1割にあたる中学1000校と、全日制高校350校を抽出。そこに通う約10万人の中学2年生と約6・8万人の高校2年生を対象に、ウェブ上で回答を求める形で実施された。中2が5558人、高2は7407人がそれぞれ回答した。

調査に対して「世話をしている家族がいる」と答えた中2は全体の5・7％で、約17人に1人。また高2の4・1％が同様に回答し、こちらは約24人に1人だった。

なお、調査の設問に用いた「世話」という言葉には、「本来大人が担うと想定されている家

事や家族の世話などをすること」と注釈がつけられた。「介護」という言葉のイメージにとらわれず、多様なケアを担う子どもが集計からこぼれ落ちないようにする工夫だった。また「ちょっとした家のお手伝い」ではなく、大人並みの負担をしている子どもに絞り込み、ヤングケアラーの規模を正確に把握するための配慮でもあった。

イメージしやすく言えば、中2と高2の各1学級あたり、ヤングケアラーが1人か2人いる可能性が全国調査で裏付けられた。全国の中2と高2の総生徒数に単純に当てはめた場合、「全国に計約10万人のヤングケアラーがいる」という推計が成立する。

毎日新聞の取材班が20年3月に初めて報じた、総務省の就業構造基本調査の「オーダーメード集計」では、ヤングケアラーは3万7100人と推計されていた。今回の全国調査の結果はそれを大きく上回る規模だ。当時、取材班の向畑泰司が「もっと多いのでは」といぶかしんだ肌感覚は、どうやら間違っていなかったらしい。

政府はこの全国調査で、取材班が議論していた「幼いきょうだいのケア」を集計に含めた上で、ヤングケアラーの実態を分析した（調査結果の全容は厚労省のホームページに掲載され、誰でも見ることができる）。

内訳をみると、中2のヤングケアラーが世話（ケア）をする対象の家族（複数回答）は、きょうだい61・8％▽父母23・5％▽祖父母14・7％――の順。高2も、きょうだい44・3％▽父母29・6％▽祖父母22・5％――と同じ順番だった。いずれも「きょうだい」がトップである。ケアをしている理由は、きょうだいが幼いことや障害があること、父母なら身体障害や精神疾患、祖父母は高齢や要介護状態などが多かった。

ケアの頻度は中2、高2ともに「ほぼ毎日」が4割強を占め、「週3～5日」「週1～2日」がそれぞれ1割台だった。平日1日あたりのケア時間は平均約4時間。中2、高2ともに「3時間未満」が4割前後を占めるが、ここで注意したいのは、学校に通う子どもたちの一日の生活を想像すれば、2～3時間でも相当な負担だということだ。朝早くから学校へ行き、授業を受け、放課後は部活もあり、家に帰れば宿題やテスト勉強だってある。これに加えて数時間のケア負担は、机上の数字から受ける印象よりも重いのではないか。驚くことに、一日のケア時間が「7時間以上」と答えた生徒も約1割いた。

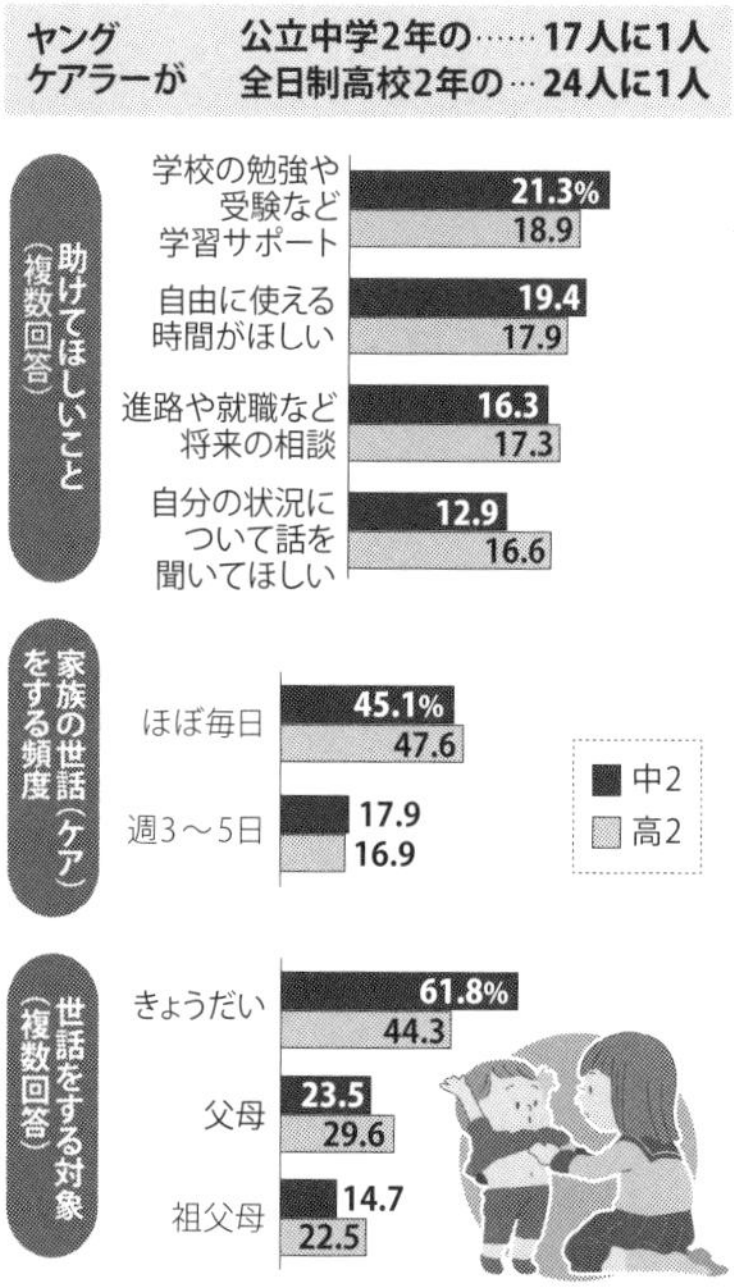

ケアを始めた時期は、中2が「小学校高学年から」が34・2%、高2は「中学生以降」の37・8%がそれぞれ最多。小学校就学前から続いているケースも珍しくなく、ケアを始めた時期の平均年齢は中2が9・9歳、高2が12・2歳だった。

ケアの内容は、食事や掃除・洗濯などの家事▽保育園などの送迎▽障害や精神疾患のある家族の感情面のサポート▽外出の付き添い▽見守り▽入浴・トイレの介助——など、多岐にわたる。1割前後の子どもには協力者がおらず、「自分のみ」でケアに従事していた。

ヤングケアラーの男女比に大きな差はなかったが、ケアの内容を詳しく分析すると、違いがみえてきた。女子は男子に比べて、家事やきょうだいの身体的な介護、保育所等への送迎などの割合が高く、家事全般やきょうだいの世話を多く担っている状況がうかがえた。ケアの頻度やケアに費やす時間も、女子の方が長い傾向にあった。一方、男子は「金銭管理」をしている割合が女子に比べて高かった。

子どもたち自身のヤングケアラーについての認知度は、やはりと言うべきか、極めて低かった。ヤングケアラーという言葉を「聞いたことがあり、内容も知っている」と答えたのは中2が回答者全体の6・3％、高2が5・7％にとどまった。逆に「聞いたことはない」が全体の8割を超えた。

誰にも相談せず孤立しがちな実態や、健康・学業への悪影響も、全国的な傾向として初めて裏付けられた。ヤングケアラーの1〜2割が「宿題や勉強の時間が取れない」「自分の時間がない」「精神的にきつい」と訴え、睡眠不足や進路変更などの影響が出ている場合もあった。

大人に助けてほしいことや必要な支援を尋ねると、ヤングケアラーの約2割が「学校の勉強や受験勉強など学習のサポートをしてほしい」「自由に使える時間がほしい」と答えた。

一方、取材班が改めて注目したのは、自分を支援してもらう必要はない、と考えている中高生の多さだった。中2、高2とも「特にない」との回答が約4割でトップ。ただし、本当に支援を必要としない子どもがどの程度いたのかは、判然としない。元ヤングケアラーなどに対するインタビューの経験から見て、「家庭の事情を他人に説明したくない」「周りの大人を信じていない」という子が一定層を占める可能性を考慮した方が良さそうだった。

それは相談経験の有無のデータからもうかがえる。

家族ケアについて誰にも相談した経験のない生徒は、中2の67%、高2では64%に上った。その理由は「相談するほどの悩みではない」「相談しても状況が変わるとは思わない」という声が多い。自分の負担の重さを自覚していなかったり、隠していたりする可能性のほか、「他の子と違うと思われたくない」「かわいそう、などと見られたくない」という子どもの心理も影響しているとみられる。

生徒たちの自由記述には、SOSを出せずに孤立する彼らの葛藤や本音が垣間見える記述が多数あった。

「誰かに相談する余裕なんてない。今日一日をどう過ごすかでいっぱい」

「全部を代わってとか逃げ出したいわけではなく、少し余裕がほしい」

「大人が否定せず、話だけ聞いてほしい」

大人への不信もにじんでいた。

「スクールカウンセラーに相談して嫌な目に遭った」

「教師に家族ケアのことを説明したのに、遅刻や欠席が内申点に跳ね返った」

全国調査が示したヤングケアラーの傾向は、実のところ、取材班にとってはおおむね予想の範囲内といえた。「全体の5%前後」「1学級に1〜2人」は、先行する研究者や埼玉県などの調査ですでに示されており、取材班はむしろ「全国調査では、地域限定の先行調査とかけ離れた傾向が出ないか」を注視していた面さえあった。

しかし初めて全国の実態がデータで明確になり、一つの大きな節目になったことに変わりはなかった。それまで取材班が独自に行ってきたオーダーメード集計やケアマネジャー調査はそれぞれ実態把握に限度があった。そして、埼玉や大阪の先行調査の部分的な結果からいくら懸念を訴えたところで、全国の正確な裏付けもない「想像」に基づいてヤングケアラー支援に財《カ》源《ネ》を割くほど、政府という行政機関は甘くない。

この調査からようやく、政府の支援に向けた第一歩が始まるのだ。新聞各社も翌4月13日朝刊の1面や社会面など、目立つ扱いで全国調査結果を報じた。

一方、取材班の予想が良い意味で裏切られた点の一つは、幼いきょうだいのケアが集計に含まれたことだ。

調査の自由記述欄には、幼いきょうだいの世話をしているとみられる生徒の悲鳴がつづられていた。その生徒は疲労感や学力低下の不安を訴え、切実な願いを明かした。

「親は私たち子どもが育児をして当然だと思っている」

「勉強する時間がほしい。睡眠時間がもっとほしい」

ケア対象の家族（複数回答）はきょうだいが中2、高2いずれも最多で、ケアの理由（同）に「きょうだいが幼い」ことを挙げた生徒は、中2で73・1％、高2も70・6％とトップになった。政府関係者の一人は「幼いきょうだいの世話をしている子がこんなにいるとは。びっくりした。新しい発見だった」と話した。ヤングケアラーが世話をする対象は、精神疾患の親や障害のあるきょうだいが多いというイメージだった、と驚いていた。

家族に病気や障害がない場合、ケア負担の重さが特に見えにくく、専門家や自治体を悩ませてきた。しかし、子どもたちがきょうだいの保育園の送迎、料理や洗濯、掃除など、「小さな保護者」ともいうべき役割を担っている実態が判明した。政府はきょうだいケアを明確にヤングケアラーとして認め、今後の支援策にも波及するのは必至とみられる。

きょうだいケアの集計とは逆に、取材班が困惑したのは、全国調査の回収率のあまりの低さだった。数字を見た山田は絶句し、デスクの松尾と顔を見合わせた。

中2と高2で計16万8000人を対象としたにもかかわらず、回収できたのは中2がわずか5000人強、高2も7000人強にとどまった（もちろん有意な統計としては成立している）。回答数にばらつきがあるため、政府は自治体別の傾向を分析できず、都市部と地方にヤングケアラーがどの程度偏在しているのかもわからなかった。

「スマートフォンでコードを読み取り、調査に答える方式が、本当に支援の必要な子にまで行き届いているのか」

調査に回答したある生徒は、調査手法にそう疑問を投げかけた。政府は学校を通じて、ウェブ上の回答フォームのQRコードとURLを記した調査概要を配ったが、回収は学校を通じてではなく、ウェブで生徒が直接回答する方式を採用した。そのため、回答するかどうかは個々の生徒の判断に委ねられた部分が大きかった。

ある政府関係者は「紙の調査票を配って回収するよりも、調査の予算が安く抑えられるからだ」と実情を明かす。だがその結果、全国調査のスケールは、埼玉県が紙の調査票で行った県内の高2調査（約4万8000人が回答、回収率8割超）をはるかに下回った。

政府は報告書で、今回の全国調査が「あくまで全国のおおよその状況を把握するため」のものだと予防線を張り、詳しい状況の確認と対応を各自治体に「丸投げ」するかのような記述もみられた。中2の回収率が高2より低かったことは「（中2の）携帯電話の保有率が低いためと推察され、ウェブ調査の限界」と認めていた。また中高とも、入学間もない1年生と受験を控える3年生は当初から調査の対象外であって、小学生も「低学年の児童が回答するのは困難だ」と判断され、調査が見送られていた。

正式な統計として成立しなかったデータもあった。定時制高校と通信制高校への全国調査である。政府は全都道府県から1校ずつ各47校を抽出し、定時制では「高2相当」の生徒、通信制は在籍する生徒と各学校がそれぞれ対象になった。だが、回答した生徒数が定時制366人、通信制446人と少なく、調査結果は「参考値」として掲載されて終わった。

そこで取材班は後日、それが正確な統計ではないことを踏まえた上で、詳細な記事を別に配信した。

〝「進路変更せざるを得ない」定時制・通信制高校生の学業に深刻な影響〟

ヤングケアラーの生徒の割合は、定時制高校が8・5%（12人に1人）、通信制は11%（9人に1人）で、全日制高校よりも多かった。家族ケアのために全日制への進学を諦めたり、やめたりしたと答えた生徒もいた。

ヤングケアラーの定時制、通信制の生徒に「世話をしているために、やりたいけれどできないこと」（複数回答）を尋ねたところ、「進路の変更を考えざるを得ない、もしくは変更した」「自分の時間がとれない」「友人と遊べない」「睡眠時間が十分に取れない」などの項目で、定時制と通信制がそれぞれ全日制を上回った。通信制では、1日あたり7時間以上を家族のケアに費やしていると回答した生徒は24・5％に上った。「当初通っていた学校をやめた」という回答も12・2％あった。

全国調査の関係者によると、当初、通信制は調査の対象外だったが、調査に関する検討委員会の有識者から、対象に含めるよう要請があったという。政府側は「全日制と定時制の比較で十分」と考えていたが、有識者は「ケア負担による進路や将来設計への影響を把握するため、通信制の調査も必要だ」と主張した。

ある現役の都立高校教諭は、参考値とはいえ調査結果に衝撃を受けたと山田に明かした。彼は、定時制で約25年の現場経験がある。

「学校に関わる時間を減らし、その分を家庭に回さざるを得ない子どもの多さを改めて突きつけられた。高校を選ぶ時点ですでに学習が大きく遅れていたり、教育への信頼を失っていたりする子どもは珍しくないんです」

調査の自由記述には「ケアをしながらでも進める進路がもっと広がってほしい」というコメントもあった。進路や進学を考える時、家族のために自分の希望を後回しにする子どもが少なくない、という可能性を示唆していた。

「精神疾患について話してもよいと思える社会がほしい」。全国調査にある生徒が寄せた、このわずか1行の自由意見をもとに、取材班はもう1本記事を配信した。

〝「精神疾患を話せる社会に」ヤングケアラーの生徒が記した心の叫び〟

この生徒がどんなケアをしているのかは、調査報告書からは読み解けない。しかし精神疾患に対する差別や偏見を受けて、患者本人やケアを担う家族が孤独に陥る問題は、かねて研究者と支援者が指摘してきた。

ヤングケアラーが担うケアの対象・内容にはさまざまなパターンがあるが、「親に精神疾患がある」というケースは代表的な類型の一つだ。政府の全国調査によると、父母をケアしているヤングケアラーのうち、父母の状況（複数回答）は「精神疾患、依存症（疑い含む）」が中2が17・3％、高2は14・3％。これは「身体障害」とほぼ同じ割合だ。

精神疾患のある親と暮らす子どもは、親に代わって家事をしたり、不安定な言動を長時間受け止めるなどの感情的なケアを担ったりすることが多い。緊張感の中で親に投げかける一つ一つの言葉を丁寧に選び、なだめる。時には心配で親のそばを離れられないこともある。政府の全国調査に関わった大阪大教授の蔭山正子は指摘した。

「例えば、話を聞くというケアは、延々と同じ話の繰り返しの時もあれば、沈んだ気分の時もある。子どもが親に寄り添うことは簡単ではない」

こうしたケアを担う子どもたちは、周囲に相談できずに孤独に陥ってしまいがちだ。蔭山や精神看護学の研究者、横山恵子らの研究グループが20年末に公表した「精神疾患のある親をもつ子どもの実態調査」からも、それは読み取れる。

この実態調査は、精神疾患の親をもつ子どもの会「こどもぴあ」に参加経験がある240人に対して、小中高時代のケアや相談の体験、学校内外での援助などについてウェブでアンケートをとった。回答したのは120人で、年代は20～30代が約52%、40代が約23%。親の病名(複数回答)は統合失調症が半数の約50%、うつ病が約20%だった。

ケアの負担・不安を学校に相談した経験がある人は小中高の全時期で1～2割にとどまっていた。相談しなかった理由(自由記述)は「恥ずかしいこと、隠すべきことだと思っていた」という趣旨の回答が目立った。

「親の病気を誰にも知られたくなかった」

「統合失調症の家族を知られることは恥ずかしいと思った」

蔭山は「社会の偏見を恐れて周りに言えない、相談できない場合が珍しくない」と話し、社会や学校で精神疾患への理解を広げていく必要性を指摘する。学校が家庭の事情を知っていても「教師の差別的な言葉に傷ついた」という回答もあったという。精神疾患への理解が十分ではない環境が、子どもを追いつめている様子がうかがえる。

政府の全国調査に関する検討委員会で座長を務めた森田久美子（立正大教授）もまた、子どもがSOSを出せるかどうかについて「ほかの子と違うと思われたくない、かわいそうだとネガティブな視線を向けられたくない、ということも関係する」と言う。ヤングケアラーの支援には、制度設計の前提として、障害や介護に対する否定的なイメージの軽減、社会の意識変化が欠かせないということだ。

手探りの学校現場

ところで、政府の全国調査は生徒のみならず、生徒が在籍する学校も対象だった。

調査対象の中2、高2が通う全国の公立中学1000校と全日制高校350校に、政府はアンケートを実施した。公立中754校と全日制高249校が回答し、ヤングケアラーの早期発見と対応に苦慮する教育現場の姿が浮かんだ。

「生徒の多くは、家庭の困りごとのサインを一切出さず、隠すのがうまい。態度が豹変《ひょうへん》するといった兆候がない生徒へのアプローチは非常に難しい」

京都府のある全日制高校はそう報告し、保護者へのアプローチも困難だとしていた。

「問題を抱えている家庭の場合、三者面談にも来ず、電話にも出ないことがよくあり、保護者と話すこと自体が難しい。こういった場合は専門家に任せないと難しい」

その高校は「学校ができることはあくまで教育。福祉や行政的な支援ではない」と割り切っていた。ヤングケアラーの家庭にどう関わるべきか、学校の戸惑いや限界を訴える声は他にもあった。

「家庭の問題には入りづらい。しかも、何をどうしたらよいのか、という答えを持たずには介入しにくい。逆にいえば、何かしらの答えがあれば関わりやすくなるので、支援団体が増えていくのは良いことだと思う」（中学校、兵庫県）

「ヤングケアラーは家庭の問題で踏み込みづらい。具体的な支援はスクールカウンセラーやスクールソーシャルワーカーに行ってもらうべきだ」（定時制高校、A県）

「家族の問題がとても多く、学校では支援できない。どこに相談したら良いのか、相談しても対応してくれるかどうかもわからない。18歳以上の生徒も多く、相談窓口がどこになるのかがわかりにくい」（通信制高校、C県）

保護者から干渉を拒否された事例もあった。B県の定時制高校は、ある女子生徒が家事や、幼いきょうだいの学校の提出物・宿題の世話などをしており、不登校の傾向があったと報告した。しかし、その父親が外部からの支援を求めなかった。「長女である生徒が家事をするのが当たり前という考えだった」という。

一方、学校が手探りをしながらカウンセラーやソーシャルワーカーなどと連携し、支援に結びつけた例も複数あった。

兵庫県のある中学は、精神疾患の母、認知症の祖母と3人で暮らす中3の女子生徒が在学していると明かした。家事を担っていた祖母の症状が進んだうえ、母はかかりつけの病院にもほとんど通院しておらず、この生徒は不登校気味だったという。教職員らは女子生徒と一緒に進路を考え、スクールソーシャルワーカーが進学手続きを手伝った。祖母が介護サービスを受けられるよう市に要請したが、市の担当部署とは「温度差がある」という。学校だけで対応することに限界を感じ、福祉行政との役割分担や情報の共有を訴えていた。

東京都のある中学からも同様の訴えが寄せられた。

この中学では、幼いきょうだいのケアに追われていた女子生徒の母親に対して、教員が粘り強く接触を重ね、母親にも必要な経済的支援などが届くように市の担当部署へつないだという経験を持っていた。

「中学入学までの情報をそれまでの所属機関などが持っていることもあるが、現状は積極的に情報を収集じないと過去の情報がわからない。市や児童相談所の情報を一括管理してほしい。対応をマニュアル化するのではなく、経験や専門性を生かして、気づいたことはためらわずに関係機関と情報共有し、支援の行動に移すことが重要だ」

さらに、生徒側の調査結果を踏まえれば、学校側と生徒の間にそもそも「認識のギャップ」があるのは明白だった。

「ヤングケアラーが（在学して）いる」とアンケートに回答した中学は全体の46・6％、高校で49・8％。半数がヤングケアラーの存在を把握していたものの、生徒の調査で判明した「1学級に1～2人」とは認識に大きな落差がある。定時制高校では70・4％、通信制高校では60・0％とやや高く、「想像以上に多くの生徒が、子どもらしい生活ができず、未熟なままで大人の役割を担わされている」と危機感を訴えた通信制高校もあった。

「ヤングケアラーが在学中」の学校は約半数

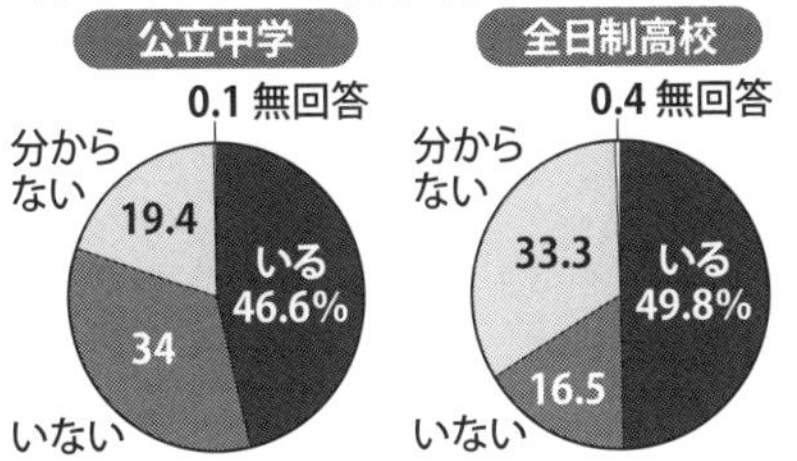

生徒が周囲になかなか事情を明かさないことを差し引いても、学校側の理解不足は目立っていた。公立中学・全日制高校のうち、「ヤングケアラーという言葉を知らない」「言葉は聞いたことがあるが具体的には知らない」が約4割を占め、逆に「学校として意識して対応している」は公立中学の20・2％、全日制高校ではわずか9・6％に過ぎない。

北海道のある中学は「教職員が（生徒の様子を）不自然と思って

も対応策が思いつかない。研修で取り上げてほしい」と要望した。東京都のある中学は、スクールカウンセラーなど専門家の働きかけや、相談窓口に関する情報提供を政府などに求めた。大分県のある中学は「(子どもが)当たり前に行っていることが、他人から見れば大変なことがある」とヤングケアラーについて子ども自身に学ばせる必要性に言及していた。

北海道のある中学は、生徒の性別によって早期発見のハードルが変わると指摘した。「男子生徒が家庭で世話などをしていると違和感があって早く気づくが、女子生徒の場合は、家事やきょうだいの面倒を見ることが当たり前、という社会的な認識があるようで見過ごされやすいと思う」

虐待などに対応する要対協への通告を含めて、ヤングケアラーを「外部の支援につないだ」と回答した中学は62・4%、高校は31・5%。逆に「学校内で対応」するとした中学は37・9%、高校は62・9%だった。奈良県の中学は「虐待のような緊急性の高い事案でなければ、具体的な支援がない」と指摘した。

多くの課題を残しつつ、政府の全国調査で実態把握はひと区切りした。以降、取材班の記事は、支援のあり方へと比重をより移していくことになった。

新たな一歩　もう後ろ向きじゃない

「はじめまして。今私は高校3年生です」

「中学2年生から今年の8月まで、ヤングケアラーでした」

2020年11月26日、初めて取材班に送ったメールを、18歳の絵里（仮名）はこんなふうに書き出している。取材班の受信フォルダーに残る着信時刻は20時5分。

この日は、埼玉県内の高校2年生5万人以上を対象とした県の調査結果が発表された翌日だった。絵里が「ヤングケアラー」という言葉を知ったのはメールを出す直前だ。晩ご飯を食べながら見ていたNHKでたまたまやっていた。もしかすると、調査結果を報じたニュースだったかもしれない。

「あ、これ私だ」

スマートフォンで検索すると、NHKではなく毎日新聞の「体験募集」の告知にたどりついた。メールしてみようかな。勢いに任せて文面を打ち始めた。

ところが、書いているうちに何だかモヤモヤしてきた。絵里自身がテレビで見たヤングケアラーに当てはまるのか、自信がなくなった。

――自分じゃ家族のことで大変だと思っているけど、伝わるかな。

――うちには障害者も高齢者もいないし。私がとろいだけかも。

――やっぱり私は、ヤングケアラーとは違うかな？

とりあえず絵里は、自分が5人きょうだいの長女だということ、働く母に代わって家事に追われていることなどを箇条書きにした。名前は書かず、代わりにこう書いた。

「もう少し詳しくお話しした方がよろしければ、ぜひ記者の方とお会いして直接話させていただきたいです。何卒《なにとぞ》よろしくお願いいたします」


取材班の中から「この子、本当に高校生かな」と疑問の声が漏れるほど、絵里からのメールの文章は大人びていた。

当時、取材班には多数の体験談が寄せられていた。投稿者の話を疑うわけではないが、内容がヤングケアラー（または元ヤングケアラー）のそれかどうか、種々の情報から総合的に判断する必要があった。語られる家族ケアの具体性、体験を裏づける手帳、写真といった記録があるか。証言に一貫性はあるか。矛盾はないか等々。

「私がやります」。家の事情が複雑そうだし、同性の方が話しやすいだろう、と取材班の山田奈緒が絵里の担当に手を上げた。

さらに詳しくメールで質問を送ったところ、絵里から再び丁寧な返信が届いた。複雑な家庭環境、学校と家事の両立に苦悩する詳細な記述があった。山田の感覚としてはヤングケアラーに間違いなさそうだった。

ただ、すでに年末が近づいていた。相手は高校3年生。大学を目指して受験勉強の真っ最中かもしれなかった。取材による心身の負担が受験の妨げになることは避けたい。でも「現役」のヤングケアラー世代であるこの子の話を聞きたい。ジレンマである。

やむなく山田は「もし可能なら」「受験勉強の迷惑にならないで会えるなら……」と、遠慮がちな取材依頼のメールを絵里に送った。

「私の話を聞いてくださること、本当にありがとうございます」

心配をよそに絵里は快諾した。山田はその後も数回メールを交わした(この時点では、まだ絵里の名前すら知らない)。

絵里は東京都内の高校に通っているという。期末テストが終わった12月末、2人は東京都内のファミリーレストランで待ち合わせた。

その日は冬晴れで、外の空気はさほど寒くなかった。華奢《きゃしゃ》な体を大きめの白いセーターで包んだ絵里がやって来た。約束の時間よりだいぶ早い。

店内はさいわい広い席が空いており、座って互いに自己紹介をした。

目が悪いのか、絵里は眼鏡をかけていた。端正な顔だち、ささやくような小声。落ち着いているが、疲れているようにも見えた。

頼むまでもなく、絵里は自ら進んで学生証を見せた。都内有数の中高一貫の進学校だ。ささいなことだが、そうした本人確認は、証言に多くを頼るこの取材にはとても重要だ。

「中学受験、大変だったんじゃないですか?」

塾講師のアルバイト経験もある山田は、世間話から入った。答える絵里の口が少しずつほぐれていった。


絵里には、幼児も含めて下のきょうだいが3人いた。

母は夜遅くまで在宅で仕事をしている。母に実父ではないパートナーがいた時期もあるが、その人は仕事や家事をほとんどしなかった。

家事は絵里が一手に引き受けていた。

中学受験で難関を突破したが、幼く、育ち盛りのきょうだいの世話は、成長とともにどんどん忙しくなった。なにしろ一番下のきょうだいは10歳以上離れており、部屋が汚れるのも構わず無邪気に遊ぶ。家事に追われて勉強に集中できない。高校生になる頃、絵里が家にいる間に自分の時間はほとんどなくなっていた。

下校する途中、スーパーマーケットへ寄って食材を買う。家に帰って夕食の支度をして、保育園にきょうだいを迎えに行く。

夕食を食べさせた後は、後片付けと掃除・洗濯が待っている。絵里を入れて子ども4人分の普段着に体操服、給食着と、とにかく洗濯物は大量だった。

めまぐるしく家事を終えれば、もう寝る時間になっている。母が家を空ける日もあり、遊びたい盛りのきょうだいたちを寝かしつけるのも大仕事だった。

日々の買い物は「節約」で頭がいっぱい。

日々の献立を考えるため、スマホの料理アプリを活用していた

料理を教わったことがなく、スマートフォンの献立アプリで必死に検索した。絵里の学校には給食がなかったが、「お昼代が400円。100円のおにぎり1個で我慢して、300円はとっておく」という具合だ。母がくれる生活費からへそくりをしよう、と考える心の余裕もなかった。

絵里のスマホには、献立計画の詳細なメモが今も残っている。

「私が洗濯物をたたんでいる間、みんなは勉強してるのかな」

高校は授業も課題もレベルが高く、日曜も家事ばかりしていると、予習や復習が間に合わなかった。成績は伸び悩んだ。将来は弁護士か官僚に、という夢はもう諦めた。

絵里はいつも時間を気にしていた。

図書館で勉強して帰りたくても、夕食の準備やお迎えがあって無理だった。好きだった部活は練習時間が長く、家庭と両立できなくて辞めた。だが「帰宅部」は許されない。「部活は全員参加」が学校のルールだった。別の部に入ったが、仲の良い友達はいないし面白くもない。勉強も部活も頑張るのが当たり前の校風で、頑張れないのがつらかった。

何度も「学校をやめよう」と思った。

友達は優秀で素敵で、大好きだったけれど、勉強や部活に励み、留学にも行くみんなが輝いて見えて、嫉妬《しっと》した。置き去りにされる焦燥感に押しつぶされそうだった。

きょうだいが通う保育園は保護者が送迎するのが原則だったが、高校生の絵里は特例として認められた。「お金も時間も自由にならないのに、送迎だけ大人扱いなんだ……」

負の感情を打ち明けられる相手はいなかった。学校にカウンセラーはいたが、相談室に入ったことはない。自分の境遇が周囲にばれそうな気がしたからだ。

母と別れたパートナーが役所に何か言ったらしく、子育て支援の担当職員がわざわざ高校に来た。何度か会いに来たその職員に家の状況を説明したが、絵里の生活が改善するような支援やアドバイスはなかった。


やり場のないむなしさをスマホのメモに打ち込んだ。

「家事に3時間。ちんたらやってるつもりはないのに、なんでこんなに時間がかかるんだろう」

家から逃げたいと何度も思ったが、遠出をするお金はなかった。ある日繁華街まで歩いて、さらにそこから「死ぬまで歩いてやろう」と歩き続けた。

また別の日は、ずっと自転車をこいだ。呪文《じゅもん》のように心の中でとなえた。

「この道をまっすぐ行って、ずっとまっすぐ行って……」

ふと気づくと、知っている道に出ていた。結局家に帰った。自分の要領の悪さがただ情けなかった。


20年初めに始まった新型コロナウイルスの感染拡大は、家事の負担をさらに重いものにした。幼いきょうだいを保育園に預けられず、絵里は朝食や夕食に加えて、家族全員の昼食も作らなければならなくなった。その年、４人目のきょうだいが生まれ、乳児のお世話も新たな仕事として加わった。

「これ以上、もう無理」

心身の疲労がピークに達した夏。

なんと母が突然、他のきょうだいを連れて地方へ移住した。大学受験を控える絵里だけが都内に残ることになった。

家事から解き放たれた絵里の心は、なぜか晴れなかった。

「勉強って、どうやって頑張るんだっけ？」

自分のためだけの時間など久しく持っていなかった。自由時間ができた喜びよりも、戸惑いの方が大きかった。取材班にメールを出したのもこの頃だ。

絵里はファミレスで山田に向かって、問わず語りのうち迷いを口にした。

「どういう目標であれ、大学には行った方がいいってわかってるんです。頑張らない理由はないんですけど、なんかダメなんです」

「今回の期末試験もやっとで。何とか卒業できるレベルのできでした」

絵里の声は力がなかった。今まで誰にも話せなかったであろう、進学の悩みや家族への思いをしゃべり続けた。

山田はただ聞いていた。その場で「記事にしたい」と切り出すのはやめた。1回の取材だけで記事が書ける訳もなく、さまざまな確認作業や追加取材が必要だ。それに、人生の一大イベントである大学受験の邪魔はできない。受験が落ち着いた頃にまた連絡することにした。

2人はドリンクバーのお代わりをしたり、追加で食べ物を注文したりして、そのファミレスに数時間滞在した。店を出た絵里は小さく笑った。

「楽しかった。外食することなんて、本当になかったから」

山田は帰りの道すがら、絵里の話を反芻《はんすう》した。

絵里と母親の関係は、まるで親子が逆転しているように思われた。絵里は、母の恋愛相談や愚痴を夜な夜な聞いたことがあるという。「母に甘えた記憶はほとんどない」と言っていた。

とはいえ、奔放《ほんぽう》な母への愛情が無いわけでもないようだ。「こんな母親にはなりたくない」と嫌悪したりイライラしたりもするが、恵まれない育ちで手に職をつけた母のたくましさを尊敬している節もあった。

ケアする側、される側の双方が子どもである「きょうだいケア」は、ヤングケアラー本人や家族でさえ〝家のお手伝いの延長〟と捉え、ケアの負担を軽視する傾向がある。山田はそれを自らの体験と今までの取材で知っていた。

絵里のように家族に障害や疾患がなければなおさらだ。家計に余裕はないが、一家は戸建ての家に住み、絵里は公立よりも教育費のかかる私立校に通っている。他人からは、何の問題もない「普通」の家庭に見えたはずだ。

絵里が取材班へのメールをためらったのも、その感覚があったからではなかったか。

3月の初め、山田は再び絵里に連絡を取った。大学受験がうまくいったかどうかわからなかったが、絵里のことを記事にしたいと伝えた。

返信は予想外だった。

「実は、受験をやめました。応援してくれたのに申し訳ないです」。絵里は記事になることも了承した。山田とまた会いたい、と記していた。

数日後、高校の卒業式を控えた絵里と都内の喫茶店で会った。絵里の様子は、前回の取材とまるで違っていた。眼鏡からコンタクトレンズに変え、薄く化粧もしていた。何より、明るく、どこか吹っ切れた顔だった。

話題は自然と、なぜ受験をやめたのかへ向かった。

その前年の夏、きょうだいの世話から解放された絵里は、大学の高い受験料に驚きながら、年明けの入試に向けて必死に勉強した。

今まで遅れた分、残り半年で追いつかないといけない。なのに「全然追いつけない」。どうしよう、どうしよう。もともとなかった自信がさらになくなった。

ぎりぎりまで考え、年明けに母へLINEで伝えた。

「大学行くの、やめようかなって」

「どうしてやめるの。将来どうするの?」。心配する母に、勉強に集中できずに悩んでいたあの頃の胸の内を少しだけぶつけた。将来の夢や目標も話してみた。

母は最終的に、絵里の決断を受け入れた。

もちろん大学生になることに憧れはあった。「学校だけに集中できていたら」という悔しさも残っている。

だが受験を諦めたことが、友達に今までのことを話すきっかけになったのも確かだ。

「実はうちの家、いろいろ大変だったんだ」。中高6年を一緒に過ごした友達は、驚きながらちゃんと絵里の話を聞いてくれた。引かれるかと思ったが、意外に大丈夫だった。

咲き始めた桜の木の下を歩く絵里。卒業式を控えていた

絵里と仲がいい子たちの中には、成績優秀だったのに志望校に落ちた子もいた。

「やっぱり、生半可じゃダメなんだな」

私も勉強して、また来年だ。

喫茶店を出た絵里と山田は近くの公園を歩いた。記事に添える絵里の写真を、山田がデジタルカメラで撮影した。

日差しは明るく、空は雲一つなかった。日陰を探すのが大変なほどだ。体験を記事にまとめてもらえれば、自分の中で整理ができそうだと絵里は言った。

「ああいうことがあったけど、頑張ろうという気持ちになれる気がします」

絵里は饒舌《じょうぜつ》で、道にハトが座っているだけでもころころ笑った。もともと、箸が転んでも可笑《おか》しい年頃なのだ。

桜が咲いているのも絵里が見つけた。その木の下で写真を撮った。

絵里はやっぱり笑っていた。

メールのやりとりはその後も続いた。記事が載ったのは4月下旬。絵里が家族と離れた街で働く道を選び、新しい生活を始めた頃だった。

絵里はいったん就職するが、次の春に進学して語学を勉強してみたいと考えている。それと芸能の仕事にも少し興味があるそうだ。

「もっと周りを頼ってもいいのかもしれない」

そう思っているという。

第6章

支援本格化へ

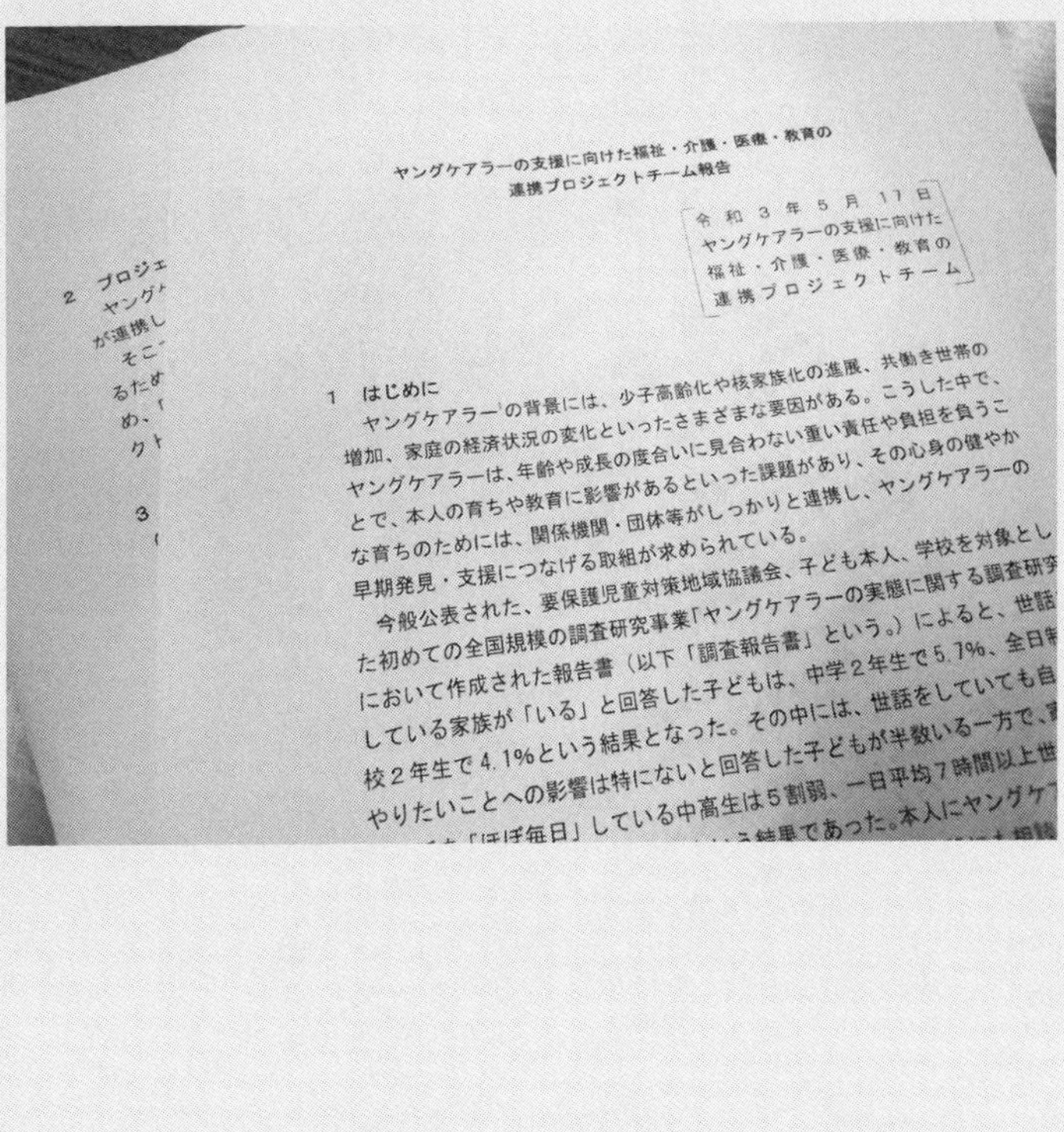
ヤングケアラーの支援に向けた福祉・介護・医療・教育の
連携プロジェクトチーム報告
令和３年５月17日
ヤングケアラーの支援に向けた
福祉・介護・医療・教育の
連携プロジェクトチーム
1　はじめに
ヤングケアラーの背景には、少子高齢化や核家族化の進展、共働き世帯の
増加、家庭の経済状況の変化といったさまざまな要因がある。こうした中で、
ヤングケアラーは、年齢や成長の度合いに見合わない重い責任や負担を負うこ
とで、本人の育ちや教育に影響があるといった課題があり、その心身の健やか
な育ちのためには、関係機関・団体等がしっかりと連携し、ヤングケアラーの
早期発見・支援につなげる取組が求められている。
今般公表された、要保護児童対策地域協議会、子ども本人、学校を対象とし
た初めての全国規模の調査研究事業「ヤングケアラーの実態に関する調査研究
において作成された報告書（以下「調査報告書」という。）によると、世話
している家族が「いる」と回答した子どもは、中学２年生で5.7%、全日制
校２年生で4.1%という結果となった。その中には、世話をしていても自
やりたいことへの影響は特にないと回答した子どもが半数いる一方で、
「ほぼ毎日」している中高生は５割弱、一日平均７時間以上世
2　プロジェ
ヤング
が連携し
そこ
るため
め、
クト
3

政府がプロジェクトチーム

２０２１年２月23日、全国調査の結果が発表される約２カ月前のことだ。元タレントで副厚生労働相の三原じゅん子がツイッターに投稿した。

「深刻です。ヤングケアラー問題

厚労省で検証していますが、かなり多数の学生さん達が介護をしている現実があります。

この度、同僚の山本博司副大臣がＰＴを立ち上げました。その進捗状況をまたお伝えします！　地域で、社会全体で、ヤングケアラーを支えましょう！」

やや唐突な投稿で三原は、読売テレビが配信したヤングケアラーの記事を取り上げて、政府内の検討状況にも言及していた。

取材班の田中裕之が偶然、この投稿を見つけた。田中はツイッターでヤングケアラーに関する投稿を検索し、情報収集するのが日課になっていた。

三原が書いたＰＴとは「プロジェクトチーム」の略称だ。特定の政策テーマについて、政府や与野党から特命を受けた国会議員や担当省庁の政務三役、官僚らが実務的に検討するための組織のことを指す。霞ケ関や永田町の住人なら誰でも知っているし、メディアの報道にもしばしば登場する。

自民党の参院議員でもある三原は、省内でヤングケアラー問題を扱う子ども家庭局を担当していた。公明党参院議員の山本は、三原と同じ副厚労相だ。三原が同僚の仕事ぶりを紹介したのだとすれば、政府がとうとう、ヤングケアラー支援策の検討に本腰を入れ始めたことを意味する。

田中は旧知の政府関係者に確認の電話を入れた。この関係者は、三原の投稿を知らなかったらしく、慌てた様子で「ちょっと（投稿の中身を）確認させてもらっていいですか」と言って電話を切った。

その後の取材で、厚労省が文部科学省も加えたPTの発足を計画していることが判明した。ただこの時点では、トップの田村憲久厚労相に事前の説明が済んでいなかった。霞ケ関ではそうした形式的な手続きが重視され、対外的な公表はまだ少し先になるはずだった。つまり三原の表明は、ちょっとしたフライングだったわけだ。

田中は「他社が書かないうちに」と急いで取材結果を記事にまとめ、2月26日付朝刊の社会面に「厚労省が支援チーム」との見出しで掲載された。福祉・医療を所管する厚労省が山本をトップとするPT発足の方針を固めたこと、子どもの教育を所管する文科省も一緒になって、ヤングケアラー支援を議論する見通しになったことを伝えた。PTは、厚労省が実施している初の全国調査の結果を踏まえて検討し、政府全体の経済財政運営の指針、いわゆる「骨太の方針」に盛り込もうとしていた。

骨太の方針はかつての小泉政権時代、時には霞ケ関・与党の思惑を超えて大きな政策転換や方向性を打ち出し、「官邸主導」の象徴とみなされた経緯がある。現在ではそこまでの存在感はなくなったが、各省庁が翌年度予算に向けた事業を持ち寄る夏の「概算要求」よりも早く策定され、今後のおおよその政府方針がそこで決まることに変わりはない。ヤングケアラー支援が明記されれば、翌年度に予算化されるのはほぼ確実だった。

ただし、政府全体が本格的な支援に同意して骨太の方針に盛り込むのか、取材班には確証がなかった。厚労省がそれを主張するにしても、他省庁や官邸との調整はこれからだろう。そのため記事では、ヤングケアラー支援が骨太の方針に反映されることを「目指す」とし、現時点ではあくまで厚労省サイドの希望にとどまると示唆した。

PTを主導する厚労省自身も、まだ展望が見えていないらしかった。

「ヤングケアラーには個別の対策があるわけではなく、既存の支援につなげていくことがポイントだ。精神保健、介護保険、医療保険など（厚労省）や教育（文科省）の施策に目詰まりが起きているのをどうするかが問題だ」

ある厚労省幹部はそう話し、新たな政策の打ち出しにはむしろ慎重だった。「ヤングケアラーというコンセプト自体、まだ世間に知られていない」ので、メディアが取り上げることがヤングケアラーの「発見」につながる、とも強調した。

ＰＴで厚労省とタッグを組む文科省の幹部は、ヤングケアラーの存在に注意を払うよう、すでに教育現場へ通達したと明かした。教員だけでなく、スクールカウンセラーやスクールソーシャルワーカーなどの役割も重要になると話した。

「学校が期待されているのは、ヤングケアラーの存在に気づくきっかけがそこにあるのではないか、というところだと思う。まずは把握するためにどうやって感度を上げるかだ。全国調査の結果を見て、その辺をやっていく」

菅政権の目玉施策の一つ「孤独・孤立対策」に、ヤングケアラーも含めるべきだという声もあった。担当者の三ツ林裕巳副内閣相は2月25日、「ヤングケアラーの課題をしっかり取り入れて前に進めていきたい」と自身のフェイスブックで意欲を示した。

政府が手探りながらもＰＴの発足に至ったことを、民間の支援関係者はおおむね歓迎した。家族介護者を支援する日本ケアラー連盟の堀越栄子代表理事（日本女子大名誉教授）は同時に注文もつけた。「国の施策化の動きを歓迎したいが、多様なヤングケアラーの支援は簡単ではない。子どもが安心してＳＯＳを出せる環境を作り、本人のニーズに合った支援策を現場で提供できる体制が必要だ」

ＰＴ発足は国会の場で事実上発表された。

3月8日の参院予算委員会で、公明党の伊藤孝江参院議員が「ヤングケアラーという概念の認知度を社会で上げ、正しく理解を広める必要がある」などと質問した。国会議員が同じ党に所属する政務三役の担当政策をただし、「我が党はこれだけ取り組んでいる」と答弁でアピールさせる手法は、公明党に限らずよく用いられる。

答弁に立った副厚労相の山本は、PTを3月中にも発足させ、自身と副文科相の丹羽秀樹が共同議長に就くと表明した。「ヤングケアラーを早期に発見して支援するには、福祉、介護、医療、教育など様々な分野の連携が重要だ。関係機関の連携を推進し、支援策の検討を進める」。家庭内のデリケートな問題や、本人・家族に「支援が必要」という自覚がないなど、子どもの介護負担が表面化しづらい構造がある点も指摘した。

質問の最後に、伊藤は首相の菅義偉に見解を求めた。

「省庁の枠組みを超えて取り組まなければならない課題だ。首相の強いリーダーシップが求められる。ヤングケアラー問題への首相の受け止め、決意をお願いする」

「病気がちの親を幼い頃から世話したり、障害のあるきょうだいの面倒を見ることにより、学校に通えない、友達と遊べないなど、子どもらしい暮らしができないことは大変つらいことだと思っている。これらの背景には、親の介護、障害、貧困など様々な要因が絡み合っていると承知しており、こうした複合的な要因に適切に対応できるよう、省庁横断のチームにおいて、当事者に寄り添った支援につながるよう、しっかりと取り組んでいきたい」

菅は、官僚の準備した答弁書を淡々と読み上げた。特段の熱意はうかがえなかった。パフォーマンスを苦手とする菅が原稿を「棒読み」するさまは、後日、新型コロナウイルス対応の迷走や、東京オリンピック開催の是非をめぐって批判にさらされることになる。それでも、現職の首相がヤングケアラーを支援する意向を初めて明言した事実に変わりはなかった。政治部出身で国会原稿に慣れている田中が、これらの答弁を記事にした。

どうして洗ってくれないの？

政府内の検討が慌ただしさを増す少し以前から、取材班は、ヤングケアラー支援の現状や課題に特化した記事の執筆を進めていた。全国調査はゴールではなく、大事なのはどう支援するかだという問題意識を全員が持っていた。一方、毎日新聞社の4月の人事異動で、取材班が所属する特別報道部の解体が決まり、新年度以降、取材班が存続するのかどうかわからない状態だった。「全国調査が一つの区切りになると思った方がいい」。なかなか記事に盛り込めなかった過去の取材結果を今のうちに掲載しておこう、という意図もあった。

1年以上にわたり、多くの当事者・研究者への取材を通じて実感してきた支援の課題、中央と地方の行政、民間団体の活動などが原稿に集約された。

〝孤立防ぐ支援手探り　既存制度では想定外〟

3月13日付の朝刊に掲載された長文の分析記事は、今の医療や福祉といった公的サービスがなぜヤングケアラーを救ってこなかったのか、元ヤングケアラーたちの証言も踏まえて検証した。

「どうして一緒に洗ってくれないの？」

横浜市の沖村有希子（31）は、中学1年生の時に感じた憤りを覚えている。有希子の母は交通事故で手足が動かない身体障害者だ。その母の元に来るホームヘルパーが、洗濯機に母のものと一緒に入れた有希子の衣服だけを洗わず、取り出したのを見た時のことだった。

有希子は、小学6年の頃からシングルマザーの母を介護していた。障害福祉サービスを利用し、母のためにヘルパーが派遣された。しかし料理・洗濯など、ヘルパーが行う家事援助の対象は、障害のある当事者に制度上限られている。だからヘルパーは母の服は洗うが、有希子の服は洗わなかったのだ。

「娘が下校した後に自分で洗濯していたら、翌日の体育の授業までに乾かない。かわいそうだから一緒に洗ってあげて」

体操着は1枚しかなかったので、母はヘルパーたちにそう訴えた。「2人の洗濯物が交ざっていたら、わからないから洗っちゃうかもね」と内緒で応じてくれる人もいた。でも「それなら私はサービスに入れない」と、母の頼みを断る人の方が多かったという。

朝ご飯もそうだ。あるヘルパーは「作り過ぎちゃった」と有希子の分も作ってくれたが、かたくなに母の分しか作らない人もいた。

有希子が中学生になってからはなおさらだった。そんな時、登校途中で買うゼリー飲料が有希子の朝食になった。夕食は、母の昼の残りものを食べるのも珍しくなかった。母は「お昼はたくさん食べるから、ちょっと多めに作っておいて」とヘルパーに頼み、有希子のためにあえて食べ残したという。

「中学生はヘルパーから『大人と同等な存在だ』と見られていた。だから、助けてもらえなかった」。有希子はそう回想する。

厚生労働省によると、障害福祉サービスの家事援助として、障害者の親を持つ子どもの生活を助ける「育児支援」の仕組みがある。ただし何歳までの子どもを「育児」として支援できるのか、明確な基準はない。主に高齢者介護のために使われる介護保険では、そもそもヘルパーが被介護者以外を援助することが認められていない。

有希子は介護の疲れから、中学の授業中に寝てしまうことが増えた。成績も落ちた。家庭訪問で事情を知った担任教師が「最近どう?」と気にかけてくれて、有希子の孤立感は少しだけ和らいだ。奨学金を利用し、大学を卒業して就職したが、その会社は介護休暇に理解がなかった。やむなく退社した。

そして有希子は、ヘルパーを派遣する側の障害福祉事業所を自ら起業した。ヤングケアラーと事業者、双方の立場を理解する者として、ヤングケアラーや若者ケアラーを支援するため、「18歳未満や若者・学生の介護者」への援助を基準に加えるよう訴える。

元ヤングケアラーの男性(23)は、うつ病の母の精神的なサポートを担っていた。「息が詰まる、なんとも言えない不自由さ」。当時感じた孤独を、彼はそう表現する。男性は、中学生の頃から母子家庭で育った。母の言動は不安定で、「一緒に死のう」などと彼に言った。男性はそれを受け止めながら、買い物に付き添ったりしていた。

母の希望で引っ越しをした。新しい住まいは公共交通機関が乏しく、彼の通学に不便な場所だったが、「母のためだ」と言い聞かせて我慢した。

母は病気のため、人付き合いをするのが難しかった。時々訪れる民生委員が社会とのつながりだったが、引っ越しを契機にそれもなくなった。

母子は地域で孤立した。自治体から学用品費などが援助される「就学援助制度」も、彼が高校に進むと対象外とされた。大学進学を控えて、経済的な不安が大きくなった。

だが、友人や学校の教諭には悩みをさらけ出せなかった。スクールソーシャルワーカーのような相談先があることも知らなかった。たとえ相談先を案内されていたとしても、家の事情を話せたかどうかはわからない、と彼は言った。

「話せば楽だったとは思うんですけど、周りの人の目があるから、行きづらかっただろうなって」

今の男性は母の元を離れて、大学院で研究生活を送る身だ。皮肉なことに、母の症状がさらに悪化した結果、NPOなどの地域支援を新たに受けられるようになった。民生委員の訪問も復活したという。

ヤングケアラーの子どもや、その子どもがケアする相手の家族にとって、現在どのような支援の仕組みがあり、どうすればそこにたどり着けるのか。子どもが自力で探し出し、たどり着くのは難しい。すでにあるさまざまな制度の狭間で孤立し、状況が改善しないヤングケアラーは少なくないだろう。

ヤングケアラーが周囲から孤立してしまいがちな背景には、本人の心情という面もある。例えば「家族のことなんだから、自分がケアの負担をするのが当然」と受け止めてしまっていたりする。例えば、友人や他の大人から「かわいそう」と思われたくなくて、自分一人で悩みを抱え込んでしまったりする。

では、SOSを出しづらい子どもに、支援する側の官民はどう向き合っているのか。

一般社団法人「ケアラーアクションネットワーク協会」の持田恭子は、ヤングケアラー支援の先進国とされる英国を視察した経験を持つ。それを生かす形で、持田は2020年からヤングケアラーの中高生の「集い」を開いてきた。

子どもはすぐには悩みや考えを周りに説明できないことがある。そのため、対話を重ねて少しずつ引き出すように心がける。若者が親しむSNSを活用するなど、彼らが支援の情報にアクセスしやすくなるような工夫もしているという。

「家族ケアに対していろいろな感情を持ってもいいんだ、ということ、味方の大人がいることをわかってもらうのが、支援の第一歩です」

自治体や介護の専門職による取り組みも、すでに始まっている。

ケアマネジャー資格を取得したい人が受験する全国規模の試験（介護支援専門員実務研修受講試験）で、2020年度に「80歳を平日は孫が介護する」事例の対応を問う設問があった。ヤングケアラーに関することが出題されたのは、これが初めてだった。家庭の介護計画などを作るケアマネたちの業界にも、子どもの家族介護への問題意識が改めてクローズアップされているようだ。

東京都江戸川区では、市民団体が主導した実態調査の結果を踏まえて、動画の教材を製作した。元ヤングケアラーが体験談を語る様子などを収録している。ケアマネが介護計画を作る際の指針も改定して、「（過度な負担はヤングケアラーの）健康や生活、人生に悪影響を及ぼす可能性があり、負担軽減を考慮する」と明記した。

家族介護での負担の実態が表面化しづらい原因には、大人の側の問題がもちろんある。周囲の大人たちが「ヤングケアラーが家庭内のケアを担う」のを当たり前のこととみなして、他の大人と同様の担い手として数え、各種の制度もそれを前提にしてきた点だ。

「現行の福祉制度には『ケアをする人を支える』という視点が欠けている。例えば介護保険のヘルパーの家事援助なら、ヤングケアラーのいる家庭には利用要件を緩和してはどうか」

淑徳大学の結城康博教授（社会福祉学）は、毎日新聞の取材に対して、現制度を見直す必要があると提案した。

ただ、福祉・医療・教育などにまたがるヤングケアラー問題をめぐって、いわゆる「縦割り行政」をなくすハードルは高い。先に子ども側の心情について触れたが、「支援が必要な、かわいそうな子ども」という一方的なレッテル貼りが起きた場合、かえってヤングケアラーたちを心理的に追い詰めてしまう恐れもある。

元ヤングケアラーの一人は、かつての家族ケアを振り返った際に、大人から干渉されたことには良い思い出を持っていないと語った。「ケアから離れられる学校での時間が癒やしでした。でも、先生から、スクールカウンセラーと面談するように強く勧められたのが苦痛だった」。誰に相談するのか、そしていつ相談するのかというタイミングを、子ども自身が選べるような配慮も必要になる。

記事を掲載して4日後の3月17日、厚生労働省と文部科学省によるプロジェクトチーム（PT）の初会合が開かれた。政策の縦割りを超えた啓発・支援の検討ができるのか、取材班は行方を見守った。

「政府の骨太の方針に、とにかく間に合わせる」。全国調査の集計・分析作業と同時並行する形で、PTはとにかく急ピッチで議論を進めた。副厚労相の山本、副文科相の丹羽も会合に毎回出席し、気合が入っているようだった。

「これまで厚労省として調査しなかったこと、ヤングケアラーに着目した対策を打ってこなかったことが悔やまれる」。全国調査の結果が発表された後、PTの第2回会合で、山本はそう反省の弁を述べた。PTは、ヤングケアラーの専門家や、元ヤングケアラーたちへのヒアリングを次々に実施した。

ヤングケアラーという言葉を日本国内に広めた成蹊大の澁谷智子も、ＰＴのヒアリングに応じた一人だ。澁谷は出席者を前に、現状の問題点を改めて指摘した。

「子どもがケアを担う状況は、家族のことは家族でという圧力が強く働く社会のしわ寄せが生み出している」

ヤングケアラー支援に向けた政府のプロジェクトチームの初会合

「医療や福祉の専門職が、同居する子どもを『インフォーマルな社会資源』や『介護力』と捉えてしまっている」

難病の母をケアした男性は、ヒアリングの中で次のように振り返った。

「たんの吸引や車椅子への移行補助、食事の介助などの介護に追われて、自分の大学進学や進学後の生活、就職にも影響した」

「若いと、自分の置かれた状況を説明するのが難しい。周りに言えない悩みが多かった」

かつて毎日新聞の取材にも応じた元ヤングケアラーの坂本拓は、精神疾患の親をケアした経験を次のように語った。

「中学生の頃から、うつ病やパニック障害になった母の話を聞いていた。病名を知ったのは、高校に入ってから。母のために秘密にしておこう、と思った」

難聴の弟の見守りや勉強のサポートをしたという女性は、狭い意味での「ケア」にとどまらない課題があることを訴えた。

「障害児を育てている自分の母親の感情面を支えたり、周囲から過度な期待を寄せられて重圧を感じたりすることがある」

兵庫県尼崎市のスクールソーシャルワーカーの女性は、幼いきょうだいのケアをする子どもの実態を知る立場として、子どもたちの思いを代弁した。

「高齢者や障害のある家族へのケアよりも楽だ、と思われがちだが、子どもが大人並みの育児を担うのは大変なこと。自分の希望を後回しにしたり、友人関係が希薄になったり、その子の人生に大きく影響することになる」

自民党ケアラー議員連盟（会長・河村建夫元官房長官）もこの時期に、具体的なヤングケアラー支援策を政府に要望した。ヤングケアラーの早期発見や相談、支援に結びつけるため、学校・福祉現場での研修の実施と人材育成、自治体や民間の支援の活用、子どもに支援が必要かどうかを判断するための「アセスメントシート」の普及などを挙げた。

また、政府が21年度中にヤングケアラーの支援マニュアルを策定しようとしていることが関係者への取材で判明した。学校や教育委員会、行政の福祉部門、地域相談機関などが連携して支援するノウハウを作るというのだ。

まず子どもに関係する各機関の役割を明確にし、子どもの状況に応じた情報共有のあり方や、情報の提供先などを具体的に盛り込みたい、と関係者は話した。都市部と地方でのヤングケアラーの傾向の違いを検証するため、複数の地域でモデル事業の実施も検討されていた。

厚労省は19年、虐待児などに対応する市町村の要保護児童対策地域協議会（要対協）に対して、ヤングケアラー問題で関係部署と連携して適切な対応を取るよう通知している。しかし要対協の場合、医療、福祉、学校、行政などの分野を超えて積極的に支援に動くのは、児童虐待が深刻なケースであることが多い。ヤングケアラーは介護や看病、貧困などさまざまな家庭環境が関係するため、要対協だけを中心に支援を進めるのは限界があった。

文科省も同じ年に、47都道府県の教育委員会に対して同様の趣旨を通知したが、学校現場が実行できているとは言いがたかった。

それは政府の全国調査結果からも改めて浮き彫りになった。

「関係機関に積極的に（情報を）収集しないと、（支援が必要な子どもに関する）過去の情報がわからない」

「家族の問題が多く、支援できない。どこに相談したらいいのかわからない」

「複数の市から生徒が通学しており、それぞれの自治体との連携が難しい」

全国調査に応じた学校からはこんな悩みが寄せられた。その一方で、市の福祉部門からの情報提供のおかげで、生徒がきょうだいの世話に追われている実態に気づけた、という事例報告もあった。

多くの機関が連携して取り組む重要性は、教育や福祉の現場で認識されている。ただし、言うは易く行うは難しであって、各地の対応は手探りの状態だ。政府関係者は「これからＰＴが示す支援策を有効に機能させるには、子どもに関わるさまざまな職種をつなぐためのマニュアルが必須だ」と強調した。

積み残された課題

ＰＴは、今後の支援政策についてまとめた報告書を、５月17日の会合で公表する方針を決めた。20年度から21年度にまたいだものの、初会合から報告書まで約２カ月というスピードだった。

取材班は事前に関係者から情報を得て、この報告書の全容を、ＰＴが開催される当日の朝刊

1面トップで報じた。「毎日新聞デジタル」は早朝5時には記事を掲載した。何が起きるのか、何が決まるのかを1日でも早く読者に伝えるのもメディアの仕事の一つである。

〝ヤングケアラーに家事支援　相談体制整備　政府きょう公表〟

見出しの柱になったのは、幼いきょうだいの見守りや家事に追われる子どもがいる家庭を対象として、その子たちの負担を減らすために、家事支援サービスなどを提供する新制度を政府が検討するという内容だ。

政府が4月に公表した全国調査結果では、ヤングケアラーの中高生がケアをしている対象の家族は「きょうだい」という回答が最も多かった。親に代わって、主に年長の子どもがきょうだいの世話や家事などを負担していることが判明した。しかし介護保険、障害福祉など既存の公的サービスだけでは、子どもたちの負担軽減につながりにくいという実態が、PTのヒアリングなどから浮かんでいた。このため厚労、文科両省も含めたPTのメンバーたちは、新しい制度の創設を検討する必要があると判断したようだ。

また報告書には、オンラインで相談に応じる体制の整備なども盛り込まれた。子ども自らがSOSを出すことの困難さを念頭に置いた支援策だ。社会経験が少なく、思春期にもあたる子どもたちにとって、役所や専門家に家族の内情を相談することの心理的なハードルが高いのは言うまでもない。このため、SNSを利用した相談や、オンラインでの当事者の集いなどを推進するという。さらに、こうした活動を行っている民間の支援団体と自治体の連携に対して、補助金を出すことなども想定した。支援には行政だけでは手が回らないため、民間の力も活用して体制を充実させようという算段だ。

全国調査では、中高生の8割以上が「ヤングケアラーという言葉を聞いたことがない」と答えた。家族の世話をすることを当然視し、負担の重さを自覚しない子どもも多い。報告書はヤングケアラーの「早期発見」を念頭に、各分野の専門職への研修など、人材養成の強化も柱の一つに据えた。支援を受けられる可能性や必要性について、子ども自身に理解してもらうためにも、啓発は重要だった。イベントなどを通して子どもへの浸透も図るという。

さらに、子どもによるケアを前提として介護計画などが作成されることがないよう、自治体に周知し、家庭環境の丁寧な分析を求めるとした。

学校に通えていない子どもがヤングケアラーなのかどうか、学校側が把握する作業には困難が伴う。そのため、児童委員や子ども食堂など、地域の目を通じた「発見」も重要になると位置づけて、自治体によるヤングケアラー研修を推進するとした。

PTのヒアリングでは、元ヤングケアラーから「就職活動の際に、学生時代は家族の介護をしていたことを言っても、理解してもらえない」という訴えが寄せられていた。家族ケアの負担による影響は子ども時代だけでなく、成人してから将来にわたって続くことも多い。報告書にはそれを踏まえて就労支援の必要性を盛り込んだ。ハローワークなどの機関に対しても、ヤングケアラーへの理解を促すという。

また、翌22年度からの3年間を、ヤングケアラーの認知度向上に取り組む集中期間と位置づけた。全国調査では、ヤングケアラーという言葉そのものを知っていた中高生が2割に満たなかったが、これを5割まで向上させる目標も掲げた。

報告書が示した主な支援策は次の通り。

◇早期発見や把握
・自治体による実態調査の推進
・福祉、介護、医療、教育などの専門職や、「子ども食堂」などの地域の支援者らに対し、ヤングケアラーについての周知や研修
◇具体的な支援策
・オンラインでの当事者の集い、SNSを使った相談体制の整備を推進

・学校や教育委員会、行政の福祉部門など多機関連携で支援するノウハウを盛り込んだマニュアルを策定
・幼いきょうだいをケアする子どもがいる家庭に対し、家事や子育て支援の制度を検討
◇認知度の向上
・22～24年度を集中取り組み期間とし、ポスターやイベントなどで啓発。中高生の認知度5割を目指す

政府が世間受けを狙うのであれば、「ヤングケアラー専門相談窓口」や新部署の設置、法改正などを大々的に打ち出す可能性もあった。しかし実際の報告書は、比較的「地味」な、もしくは地に足のついた内容だった。厚労省の関係者は言った。

「子どもが望めば話を聞いてもらえる場所があり、受け止める大人がいる、という体制の整備が支援の基本です。派手さはないですが、社会に対してヤングケアラーの正しい理解を促す施策が大切だと考えました」

PTの報告書も、ヤングケアラーへの理解を求める言葉を記している。

「家族の状況を知られることを恥ずかしいと思ったり、ケアが生きがいになったりしている場合もあることに留意する必要がある」

「まずはしっかりと寄り添い、支援が必要なのか、どのような支援がほしいのか、聞き取ることも重要だ」

それでも、全国調査やPT報告書が積み残した課題はあった。

全国調査は中学・高校生が対象で、小学生が除外された。調査の質問内容を理解したり、自分の状況を客観的に答えたりするのが「小学生には難しい」と判断されたからだ。ある厚労省幹部はこうも打ち明ける。

「家族ケアの担い手になるのは、子どもがある程度成長してからだろう。幼い小学生よりも中高生の方が深刻なのではないか、という判断もあった」

しかし、小学生のヤングケアラーは存在している。

白梅学園大が17年、東京都小平市の公立小学校19校に調査をしたところ、回答を寄せた教員319人のうち、115人（36％）が「過去5年間で家族のケアをしている子どもがいた」と答えた。さらにアンケートの自由記述を分析した結果、低学年でも、家事や買い物、精神疾患のある親の話を聞くといった感情面のサポート、病院への付き添いなどを担っていた。欠席や遅刻、忘れ物、学業が振るわない様子が見られるケースも珍しくなかったという。

PT報告書が示した支援策は、小学生のヤングケアラーにも適用可能なものではあるが、小平市の学校調査に携わった牧野晶哲《まきのあきのり》准教授はこう指摘した。

「幼い年齢でも家族のケアを担う子どもはいて、学業や友人関係に影響している。実態を把握し、影響が深刻になる前から早期支援する必要性を、学校も社会も認識すべきだ」

ＰＴはヤングケアラーを発見するため、教育現場や専門職だけでなく、子ども食堂や児童委員など、地域や民間の目にも期待していた。だが、兵庫県で子ども食堂を運営するＮＰＯ関係者は「行政や学校側の連携する姿勢、意識改革が必要だ」と訴えた。

「ヤングケアラーに気づいて学校や福祉窓口に相談しても、非行や虐待などの事案でなければ真剣に受けとめてくれない事例は珍しくない」

発見したところで、支援に向けて連携しなければ救済にはつながらない。政府関係者によると、今後策定するマニュアルで想定しているのは行政機関の連携までだった。民間・地域との情報共有や連携がどこまで進むかはわからない。

また、全国調査は都道府県の人口に応じ、全体の1割の公立中学と全日制高校を抽出して行われた。回収率（推計）は1割程度に過ぎず、これで緻密《ちみつ》に実態を反映できたのか、という疑問がつきまとう。

全国調査の限界を突きつけられた格好の政府は、それぞれの自治体に独自調査をしてほしいと考え始めていた。より詳細なデータが得られるし、実効性のある対策にもつながる、という思惑だ。厚労省幹部は「身近な自治体の調査なら、政府調査よりも回収率が高くなるだろう」と予想していた。ただし、調査手法や質問項目が自治体ごとに違えば、全国の傾向をそこから読み取るのは難しくなる。「自治体に丸投げするのか」と批判の声も出るかもしれない。ともかく政府は、調査費用の一部を負担するなどして、都道府県や市区町村の調査を後押ししようという構えを見せた。

そして菅内閣は6月18日、「経済財政運営と改革の基本方針2021」、いわゆる骨太の方針を閣議決定した。ヤングケアラーの支援は、第2章「次なる時代をリードする新たな成長の源泉」の中で、共助・共生社会づくりの項目に初めて明記された。

「ヤングケアラーについて、早期発見・把握、相談支援など支援策の推進、社会的認知度の向上などに取り組む」

それはPTの報告書に沿った記述だった。ヤングケアラー問題への認識を、政府全体として共有したことになる。骨太の方針は、今後の大きな方向性をおおまかに、端的な表現で網羅するエッセンスであって、各省庁がそれに従って具体的な政策へ落とし込んでいく。今後、報告書で示された支援事業への予算措置も本格化するはずだ。「きょうだいケア」の負担を軽減する家事支援サービスは、すでに厚労省が検討を始めたという。

政府の全国調査やPTの議論と前後し、自治体によるヤングケアラー対策の動きが目立ってきた。毎日新聞の各本社版と地方版には、行政担当記者らによる記事が次々と出稿された。21年春以降の見出しをいくつか拾ってみよう（日付は掲載日）。

支援充実へ研究会発足　県、初調査で25人を把握（3月9日、徳島版）
相談窓口を開設　来月、神戸市（5月14日、兵庫版）
名張市、ヤングケアラー条例　全国3例目、制定へ（5月20日、三重版）
大阪府教委、実態調査へ（6月2日、全国版）
県が実態調査へ　今秋にも（6月22日、愛知版）
「ケアラー条例」検討　道支援へ、知事が表明（7月2日、北海道版）
「早期発見し支援を」　若年ケアラー調査へ　札幌市（同）
入間市が1万人調査へ　全小中校と高校、教職員も（7月6日、埼玉版）
ヤングケアラー調査へ　5万3000人対象、県独自に（7月9日、山梨版）
ヤングケアラー177人　公立高・中3の64人「きつさ感じる」　県教委調査（7月22日、奈良版）

「ヤングケアラー」支援へ　京都市　中高生らに実態調査（7月24日、京都版）
「ヤングケアラー」を支援　総社市が条例案提出へ（8月17日、岡山版）
ヤングケアラー理解を　古賀市教委、啓発ポスター製作（8月26日、福岡版）

ウェブの「毎日新聞デジタル」では7月、一連のヤングケアラー報道をまとめた特集ページの英語版が開設された。キャンペーンの発案者として初代の取材班キャップを務め、20年4月に大阪本社へ異動した向畑泰司から、「大阪で他紙にこんな記事が出ている」と他のメンバーに連絡がくる回数が増えた。

取材班にとっては、あっけにとられる状況と言うべきだった。キャンペーン報道を始めた当初は想像もできないスピードで、日本社会が一気に動き出したように見える。

だがもちろん、これでただちにヤングケアラーたちが救われるわけではない。

今なお、記事が出る度に、SNS上には「ヤングケアラーという言葉を初めて知った」という反応がある。問題意識の浸透や理解さえ、まだ緒に就いたばかりだということだ。

ヤングケアラーの支援に、課題はなお山積している。

毎日新聞のヤングケアラー取材班は、21年春の人事異動に伴い、東京本社の特別報道部からデジタル報道センターへ移籍した。メンバーは山田奈緒が残留し、田中裕之が抜けて三上健太郎が新たに加入。デスクは川辺康広に交代した。これまで着手できなかった小学生ケアラーの実態に三上が迫るなど、4月以降も報道を続けている。

6月の終わりから、新たな連載が始まった。家族ケアの当事者だった若者たちの半生の歩みを紹介している。タイトルは「今がんばっている君へ」。

今この瞬間、家族ケアの渦中にあるヤングケアラーの子どもに向けて、その若者たちはこんなメッセージを送っている。

家族に優しくできない自分がダメなんだと思わないでほしい。
どうか自分を責めないで。
一人で抱え込まないで。君を助けてくれる人は必ずいる。
誰にもつらさを話せないのなら、無理して話さなくても大丈夫。
ただ、スポーツや音楽、友達など、今好きなことを大切にしてほしい。
あなたを受け止めてくれる人は必ずいる。
だから、希望を捨てないで。

おわりに

さて、ここまでお読みいただいた読者のみなさま、300ページ近い本書に最後までお付き合いをいただき、まことにありがとうございました。

街やインターネットの書店でふと本書に目をとめ、「試しにあとがきでも読んでみようか」と思い立たれた方。ページをめくるついでと言ってはなんですが、取材班が報道したプロセス、ヤングケアラーの子どもたち（10代を子どもと表現していいかは、現代において微妙ですが）の体験について描いた本文を、先にお読みいただければなお幸いです。

本書の構成は、ヤングケアラーたちの介護《ケア》の実態をインタビューから再構成した「物語」と、取材班が独自の全国集計から政府による全国調査に至るまでを取材した過程、現場でのやりとりや迷いを描いた「第○章」とを、交互に配置しています。取材班の問題意識は本文にあらかた書いたつもりですので、ここでは深く触れません。

2019年秋に結成された取材班は、記者やデスクの顔ぶれを少しずつ入れ替えながら報道を続けてきました。少しややこしいのですが、メンバーの変遷を時系列で整理すると次のようになります。

▽19年秋〜20年春　向畑泰司、田中裕之、松尾良（デスク）
▽20年春〜21年春　田中裕之、山田奈緒、松尾良（デスク）
▽21年春〜　山田奈緒、三上健太郎、川辺康広（デスク）

ご覧のように、ヤングケアラー取材班は発足から1年半余りで記者が全員入れ替わるというやや変則的な経緯をたどりました。本書の中でも取材者の名前がひんぱんに替わるので、少し読みにくいと思う読者もおられたかもしれません。ただこれは社内の人事異動のことでもあり、新聞記者も宮仕えの身なのだな、とご容赦いただければ幸いです。後ろ髪を引かれる思いで後を託した記者たちは、別の部署へ異動してからも陰に日向《ひなた》に、取材班に協力してくれました。

取材班が発足し、取材を続けていく中で、メンバーの間に自然といくつかの約束事が生まれていったように記憶しています。

その一つは、ヤングケアラーを「かわいそうな子ども」としてのみ取り上げることはしない、ということです。むろん支援制度の不備や周囲の無理解、家族なら家族の面倒をみるべきだという世間の価値観に縛られた被害者としての側面を明示するのは当然です。しかし、そもそも彼らの多くがなぜ、自発的に家族の介護《ケア》をしたのか。共に生きる家族への愛情や、この家族に生まれた現実を変えることはできないという諦念など、そこには複雑な感情があるように映りました。介護《ケア》をしていなくても、家族に対してそうした思いを抱いたことは、誰しも一度くらいは経験があるのではないでしょうか。

元ヤングケアラーたちは「介護《ケア》をして良かったと思えることもあった」という言葉をしばしば発します。それを赤の他人である取材班が「かわいそうだ！」と画一的にレッテルを貼り、彼らの喜怒哀楽のうち「怒」と「哀」だけを世に訴える報道は、彼らの半生を全否定する傲慢さにつながるという危惧《きぐ》を覚えました。本書が彼らの「喜」「楽」をも含めて描いたのは、ヤングケアラー問題の複雑さをそのまま提示することで、読者のみなさまに「自分ならどうしただろう」「何が最善なのか」と我が事に引きつけて考えてもらえるのではないか、と愚考したからです。ヤングケアラーの子どもたちのありようには、介護《ケア》の有無を問わず、人生そのものが抱える普遍的な何かが含まれているようにさえ思うのです。

一方で新聞掲載後、元ヤングケアラーの読者から届いた中には、胸が痛くなるような投稿も数多くありました。自分のこれまでの半生への悲しみ、怒り、嘆きや、子ども時代の家族介護《ケア》の悪影響が大人になっても残っている、または介護《ケア》をなお続けざるを得ない環境にある、といったものです。もはやこれはドメスティック・バイオレンス（DV）やネグレクト（育児放棄）じゃないか？　と目を疑う事例もありました。家計の貧しさが全ての原因ではないだろうか、と取材班のメンバーで議論した別の事例もありました。

取材を通じてみえてきたヤングケアラー問題は、少子高齢化と核家族化、行財政の悪化、地域の共同体の希薄化、貧困、一人親家庭の増加、家庭内暴力など、日本社会が抱えるひずみの縮図でした。どれがヤングケアラー問題でどれがそうではないのか、どの程度介護《ケア》の負担が重ければヤングケアラーと言えるのか。ばっさりと「線引き」するのは極めて難しく、それゆえに支援のあり方が今後さらに問われることになるのは必定です。

本書を書くにあたり、執筆者の向畑泰司、山田奈緒、田中裕之の3記者には一つのお願いごとをしました。「各章は探偵小説のように、元ヤングケアラーの半生のストーリーは文学のように書いてほしい」。ノンフィクションに我ながら妙な指示をしたものですが、毎日新聞の紙面でキャンペーンを始めて以降、「介護《ケア》とまだ無縁な人にこそ、読んでもらえるような記事を書こう」と言い続けてきました。不遜な言い方をお許しいただくなら、すでに問題を認識している人だけが理解し、いくら盛り上がったところで、ヤングケアラー問題は社会に浸透しません。何も知らない人、特に若い世代（選挙で例えると無党派層です）に届くにはどうしたらいいのか、という迷いの中での指示でした。

報じる側の自分が文中に登場することにあまり乗り気でない記者もいましたが、各章には取材の過程を三人称でこってり書いてもらいました。不祥事・事件のような「潜行取材」はあまり必要ないテーマで、報道する都合上の隠し事も少なく、かなり有り体にプロセスを描けました（ちなみに本書は紙面掲載時の約3倍のボリュームがあり、ほぼ別物といって差し支えありません）。その生《ナマ》の動きが読者の関心を引ければ、より多くの方に読んでもらえると思ったからです。ですが、もし「内輪話ばかりでつまらない」と思った方がおられましたら、それは記者たちの責任ではなく、ひとえにデスクである私の能力および筆力の不足によるものです。こここにおわび申し上げます。

新聞掲載時のキャンペーン報道の名称を「ヤングケアラー 幼き介護」としたのも、似たような理由です。詳細は第1章に譲りますが、「介護」という言葉が、幅広い家族ケアのうち、特に「高齢者への身体介護」のイメージに読者を誘導しかねないことは最初からわかっていました。実際、キャンペーン開始直後に一部の読者からおしかりもいただきました。

それでも「介護」という見出しでまず読者の目を引き、そこから徐々に幅広い家族ケアの実態を伝えていこうという「戦術」を確信犯的に採用したものです。紙面も本書も、本文中ではヤングケアラーの行為に対して、介護・看護・世話・面倒を見る・ケアなど、複数の表現をまちまちに使い分けています。取材班としての意図が果たして成功したかどうかは、読者のご判断にお任せするしかありません。

本書の刊行までに多くの方にお世話になりました。取材班が所属していた特別報道部の部長として初期のキャンペーン報道を指揮し、上司としていろいろと相談に乗ってくれた井上英介さんには深く感謝しております。部長を引き継いで指揮を執ってくれた前田幹夫さん。連載などの写真をお願いした写真部の皆さん。キャンペーン展開のために大きな紙面を割いてくれた各本社編集局の皆さん。お力添えなしには本書はおろか、キャンペーンを始めることすらできなかったかもしれません。厚く御礼を申し上げます。

毎日新聞出版の八木志朗さんには本書の構成などで、さんざん当方のわがままに付き合わせてしまいました。八木さんのご尽力なしには、本書が完成に至らなかったであろうことは疑う余地がありません。

そしてなにより、他人にそう簡単に明かすことのできない家族のことがらについて、取材に応じ、勇気を持って実態を証言して下さった元・現ヤングケアラーのみなさま。暗中模索で軸がぶれがちな取材班を支え、助言をくださった支援団体・企業、有識者のみなさま。記事に有益なご意見や体験をお寄せいただいた読者のみなさま。本当にありがとうございました。「ヤングケアラー」という新たな社会問題への取り組みが少しでも前に進むように、心から願ってやみません。

2021年10月　混迷の衆院選公示を待ちながら

毎日新聞 政治部副部長（前特別報道部副部長）　松尾良

《本文写真撮影》
p.10、17、27　宮武祐希
p.65、70、73、171　平川義之
p.75、201、204、211　丸山博
p.108　向畑泰司
p.151　玉城達郎
p.121、166、169、215、249、256　山田奈緒
p.197、273　田中裕之
p.259　三上健太郎

《著者紹介》

毎日新聞取材班（まいにちしんぶんしゅざいはん）
毎日新聞特別報道部（当時）の記者による取材班。松尾良（デスク）、向畑泰司、田中裕之、山田奈緒が取材・執筆を担当した。本書の基になった連載「ヤングケアラー　幼き介護」で、第25回新聞労連ジャーナリズム大賞・優秀賞を受賞。

ヤングケアラー　介護《かいご》する子《こ》どもたち

第 1 刷　2021 年 11 月 30 日
第 4 刷　2022 年 5 月 10 日

著　者　毎日新聞《まいにちしんぶん》取材班《しゅざいはん》
発行人　小島明日奈
発行所　毎日新聞出版
〒 102-0074　東京都千代田区九段南 1-6-17　千代田会館 5 階
営業本部：03（6265）6941
図書第二編集部：03（6265）6746

印刷・製本　中央精版印刷

ISBN978-4-620-32715-0